2012 成渝卷（含成都　重庆）

中原地产红皮书

CENTALINE PROPERTY REDBOOK

中原集团研究中心 著
四川中原市场研究中心
重庆中原市场研究部

中国建筑工业出版社

内容提要

本书以第一手的数据资料及调研资料，全面而系统地介绍了2011年全年和2012年1—8月重庆、成都房地产市场的整体概况，以及政策环境、土地市场、住宅市场、写字楼市场、商业市场等各个细分市场的发展与变化。此外，本书对重庆、成都房地产市场在此期间的众多热点专题进行了着重分析：包括重庆巴南滨江迎来新契机；重品质稳价格，别墅市场逆市而行；新区开发蔡家组团引来新发展；快速发展的工业地产；持续调控下的购房者需求变化；新兴宜居板块——照母山；办公物业新模式——总部基地浅析；成都攀成钢区域发展研究；非核心商务区写字楼暗战蓉城；房企土储政策生变 暗指楼市走向；二手房按评估价核税影响几何；北改——城北楼市变革的助推剂。本书可对房地产专业人员分析研究市场环境、洞悉市场热点起到借鉴作用，对普通大众的投资置业行为也具有较强的指导意义。

序

复杂的博弈 不简单的路

房地产市场在经过较长时期的冰封和僵持观望后，今年四、五月份以来，许多城市楼市销售开始上扬，回暖势头明显，部分开发商也随之调高销售价格，对于购房者而言，先前购房需求被压抑良久，价格及贷款利率松动后引来杠杆撬动，不少人更恐怕“越调越涨”，类似2008—2009年那一波报复性反弹的历史重演，因此恐慌性入市，上半年各地楼市一直处于供需两旺的状态；然而对于中央政府来说，不断高涨的交易量令房价反弹压力倍增，因而不断发放讯号，对调控的态度十分坚持，务必压制投机投资需求以令房价回归合理水平，甚至表示储备政策随时可能出台等等！

影响因素及多方博弈实在复杂！中央之所以坚决，因为清楚房地产泡沫若一旦破裂，将带来严重的经济危机乃至社会的不和谐不稳定。而最有可能、最方便推出的“储备政策”，一个是房产税的进一步试点和推广，另外是直接对交易环节相关的税收以及改进住房预期制度上着手。可是，首先房产税税率不高，征收范围也小，一定时期内税收总额及范围均极之有限，对市场影响及压制楼价作用轻微。同时，强大的既得利益集团，不断透过各种方式维持市场成交量与回暖现状。此外，其实中央为应对外围环境及下滑的国内经济状况，早前动用金融货币政策也是较为进取，既多次下调存准率又减息连连，这也正是导致房地产市场成交量回升的加速器，乃至房产市场价格反弹的主要原因。而观乎未来，逊于预期的经济及形式的不确定性将加重进一步使用金融货币政策的压力，而这与调控房价之间实有冲突，既要顾及稳定经济增长又要调控房地产市场，两者平衡绝非容易走的路。还有一点非常关键，就是现时正值中央政府换届的过渡期，现任政府一定力求平衡，很难会出些大动作，房地产新政策及未来发展思路相信要到2013年新政府上任后才有具体展现。

现实中太多事情太复杂，市场中太多变化不容易！我们唯有踏实做好基础、作好准备，这也正是我们日复一日跟踪市场信息、年复一年做好“红皮书”的原因，纵然艰苦，甚或沉闷，但相信无论对我们自身或读者都能提供好的帮助！

最后，著名的南丁格尔曾说过：“成功的人通常都保有失败者不喜欢的习惯，因为他们愿意做自己并不十分乐意做的事，以获得成功的果实。然而失败者都只愿意做自己喜欢的事，最后只能接受令人不甚满意的结果。”我想，大至治理国事，小至个人日常，无论对我们的人生，或者个人的事业，经常会有大部分人不愿意做一些重复性的事情、自己不乐意做的事，甚至不愿意做的决定，但若要获得成功的果实，我们就必须去面对！愿能以“提灯天使”之言，与大家（特别包括埋首努力于中原红皮书的兄弟姐妹们）共勉！

四川中原董事总经理

2012年9月

目录

城市

第 13 章 重庆新区开发 蔡家组团迎来新发展

第 14 章 快速发展的重庆工业地产

第 15 章 持续调控下的重庆购房者需求变化

第 16 章 重庆新兴宜居板块 —— 照母山

第 17 章 办公物业新模式 —— 重庆总部基地浅析

第 18 章 成都攀成钢区域发展研究

第 19 章 成都非核心商务区写字楼暗战蓉城

第 20 章 成都房企土储政策生变 暗指楼市走向

第 21 章 成都二手房按评估价核税影响几何

第 22 章 北改 —— 成都城北楼市变革的助推剂

数据

第 23 章 重庆地产数据

第 24 章 成都地产数据

公司

附录
图表目录

插图目录

表格目录

城市
Market

成渝

重庆市场主线：政策调控效果明显
以价换量带动市场回暖

重庆土地市场：量稳价低 逆市置地热情不减

重庆一手住宅市场：压力犹在 后期走势看好

重庆写字楼市场：回归理性 长期潜力无限

重庆商业市场：商圈竞争激烈 社区商业前景可观

成都土地市场：枯木尚未泯 遇水即逢春

成都一手住宅市场：信贷环境改善 楼市触底反弹

成都二手住宅市场：全年将迎"冰火两重天"

成都行业格局：房企加速洗牌 强者恒强

成都商业市场：宏观经济下行 商业地产暗藏风险

第 1 章 重庆市场主线：政策调控效果明显 以价换量带动市场回暖

重庆中原市场研究部

2010 年国家出台了一系列的政策调控楼市。2011 年，国家为了进一步巩固和扩大调控成果，针对房地产市场的调控进一步升级和深化，“国八条”的出台以及重庆“房产税”的试点征收，从行政、信贷、税收三大方面多管齐下。

虽然重庆地产政策并未跟进“限购令”，但由于货币信贷政策收紧，消费者观望情绪浓厚，房地产市场迅速降温，商品房成交量跌幅达 3 成左右。基于对资金的需求，开发商的促销打折力度也普遍加大，市场价格走势初现下探态势，整体看来，政策调控的效果明显。根据中原监测，从 2011 年 8 月主城区商品房月度成交均价下降到 7000 元 /m^2[1] 以来，随后的数月，主城区商品房月度成交均价一直保持在这一水平之下。

2012 年政府一方面表示坚决抑制投资投机性需求，另一方面支持自住性需求。由于中央政府坚持房地产调控不放松，调控成果进一步显现，投资投机需求仍受到抑制。在信贷放松及一些地方微调楼市政策的影响下，年初以来特别是二季度重庆市商品住宅成交量明显回升，购房者观望情绪明显缓解，刚性需求得到释放，开发企业在市场高库存压力下采取以价换量的方式带动楼市回暖。

1. 本文中所有涉及重庆商品房价格，如无特别说明，均指按套内面积计算的单价。

第 2 章 重庆土地市场：量稳价低 逆市置地热情不减

2.1 土地成交量稳定增长 供需结构基本平衡

重庆主城区土地市场从 2011 年以来整体供需结构基本保持平衡，特别是楼市低迷的 2011 年，土地市场并未受影响，土地供需不减反增。根据重庆市土地交易中心公布的数据显示，2011—2012 年 6 月期间，重庆主城区累计供应土地 523 宗，供应土地面积 3495 万 m^2；土地成交也保持稳定增长态势，期间共成交土地 490 宗，出让面积为 3033 万 m^2。土地供应及成交的活跃期集中在 2011 年 6—9 月及 2012 年 1—4 月。

图 2-1 重庆市主城区土地供需月度对比情况（2011 年 1 月—2012 年 6 月）

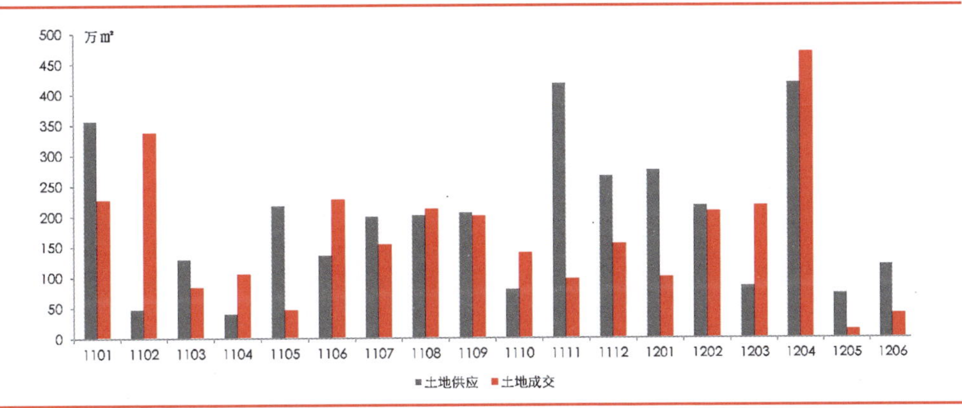

数据来源：重庆土地交易中心，重庆中原市场研究部

2.2 房地产用地占比减少 工业用地表现突出

近期以来，重庆主城区的土地市场一直保持以房地产开发用地为主导，辅以工业用地及极少量的加油站、仓库、教育用地的格局。但自 2010 年 6 月重庆两江新区的挂牌成立起，主城区工业用地的供应及交易呈现大幅增长，保持供求两旺的局面。根据中原统计，2011 年至 2012 年上半年期间，重庆主城区共成交土地面积 3033 万 m^2，其中房地产开发用地占比 48.17%，工业用地占比 49.98%，工业用地供需量首次超过房地产相关用地。

图 2-2 重庆市主城区房地产用地与工业用地供应情况（2011 年 1 月—2012 年 6 月）

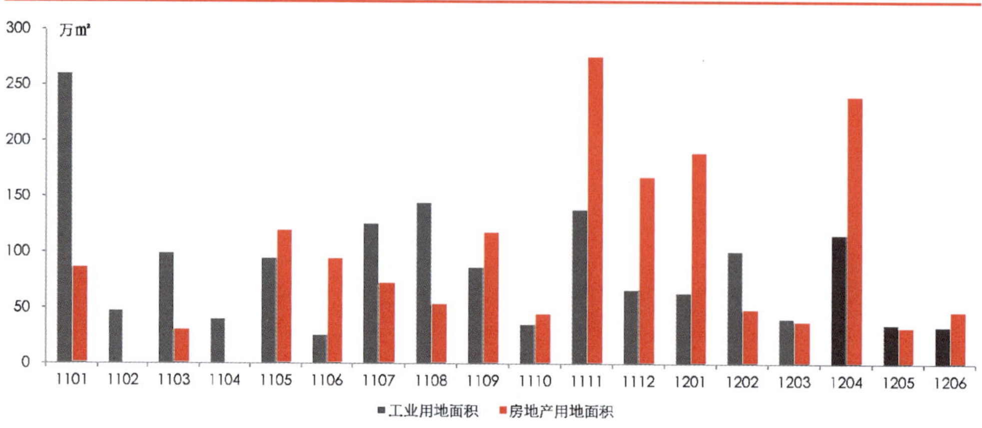

数据来源：重庆土地交易中心

图 2-3 重庆市主城区房地产用地与工业用地成交情况（2011 年 1 月—2012 年 6 月）

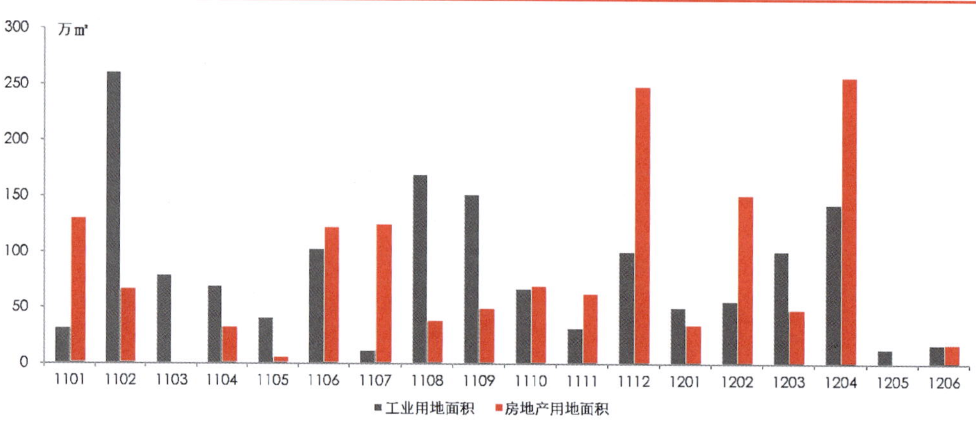

数据来源：重庆土地交易中心

2.3 楼市低迷　地价降 3 成

2004 年以来，重庆市主城区房地产用地的价格基本保持稳定上涨的趋势，2011 年房地产相关土地价格更是创下历史新高，达 429 万元 / 亩。从 2011 年下半年开始，重庆房地产市场一度低迷运行，土地交易大多以底价成交为主，溢价成交土地较少，非主城核心组团的土地交易量增多，到 2012 年上半年重庆主城区房地产相关用地平均地价约为 306 万元 / 亩，平均楼面地价 2111 元 /m^2，相比 2011 年房地产相关土地成交价格下降近 3 成。

图 2-4 重庆市主城区房地产开发用地成交价格情况（2004—2012 年上半年）

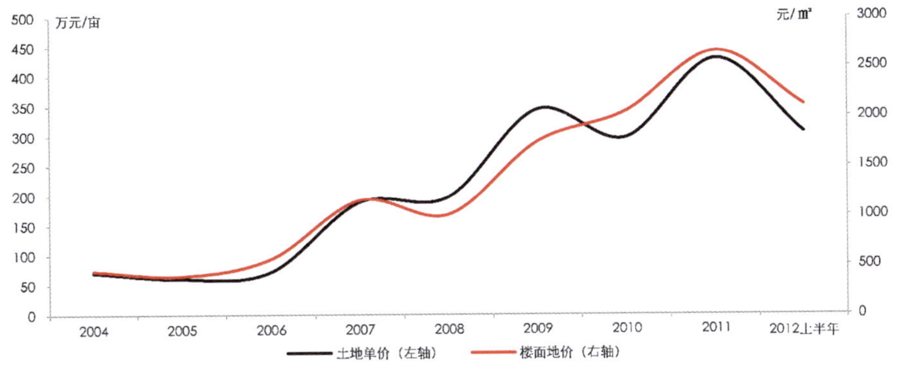

数据来源：重庆土地交易中心

2.4 两江新区效应明显　北区土地交易持续活跃

重庆两江新区自 2010 年 6 月成立以来，两江新区效应在土地市场上的表现明显，属于两江新区的北部区域的土地交易最为活跃。北部四区（江北区、渝北区、北部新区、北碚区）的土地交易量依然保持较高水平，2011 年—2012 上半年土地成交量占主城区总成交量的 65.28%，其中北部新区在此期间成交土地 398.3 万 m^2，占重庆主城区总量 27.26%，其楼面地价也达到 2655 元 /m^2。

图 2-5 重庆市主城各区房地产开发用地出让量价走势情况（2011 年 1 月—2012 年 6 月）

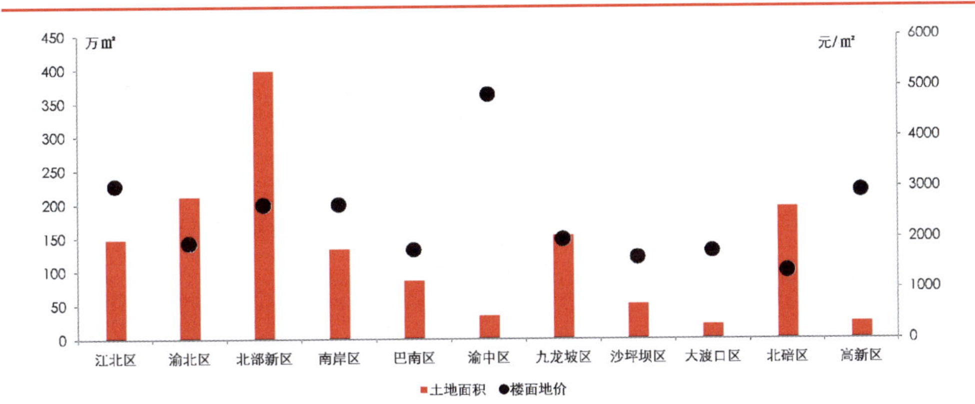

数据来源：重庆土地交易中心

2.5 知名房企逆市置地

2011 年以来，虽然受宏观调控影响房地产市场观望氛围略显浓厚，但仍有多家知名企业选择在逆市置地。实力较强的大开发商竞得土地占比越来越高，且多为质优价高的优质地块。值得一提的是，在楼市仍低迷的 2011 年底，凯德中国以 65.36 亿取得的渝中区朝天门地块，土地成交单价达 4747.51 万元 / 亩，楼面地价达 8000 元 /m^2，成为重庆楼市新地王。

重庆市重点开发商房地产相关土地成交列表（2011—2012 年上半年）

表 2-1

企业名称	区域	土地面积（m^2）	建筑规模 (m^2)	成交价（万元）	出让方式	土地单价（万元 / 亩）	楼面地价（元 /m^2）
恒大地产	九龙坡区	115521	278562	34732	挂牌	200	1247
融创地产	南岸区	179293	330349	97000	拍卖	361	2936
金科地产	南岸区	178664	321595	96000	拍卖	358	2985
	南岸区	51554	91019	19200	拍卖	248	2109
	北碚区	194748	369454	46721	挂牌	160	1265
协信地产	渝中区	23527	83764	16370	拍卖	464	1954
	北部新区	117361	234722	96823	挂牌	550	4125
	北部新区	131225	328095	108272	挂牌	550	3300
中庚地产	北碚区	82387	229441	27500	拍卖	223	1199
中冶地产	江北区	327389	327389	61541	挂牌	125	1880
中维地产	南岸区	147352	232568	65500	拍卖	296	2816
	南岸区	195847	303304	88000	拍卖	300	2901
上海绿地	江北区	169152	452431	166500	挂牌	656	3680
北京城建	九龙坡区	107610	161415	24200	拍卖	150	1499
	九龙坡区	160314	165281	23200	拍卖	96	1404
龙湖地产	北碚区	202321	210773	51000	拍卖	168	2420
	北碚区	176751	235908	51000	拍卖	192	2162
	北碚区	163608	183403	42500	拍卖	173	2317
蓝光地产	高新区	27235	81705	21000	拍卖	514	2570
保利地产	九龙坡区	92780	494067	147000	拍卖	1056	2975
	九龙坡区	113815	549761	136000	拍卖	797	2474
凯德地产	渝中区	91782	817000	653600	挂牌	4748	8000
隆鑫地产	江北区	25136	226224	136000	拍卖	3607	6012
	北碚区	177925	347399	38500	拍卖	144	1108
同景集团	南岸区	31109	124436	18665	挂牌	400	1500
财信地产	渝中区	39243	283369	106264	挂牌	1805	3750

数据来源：重庆市土地交易中心

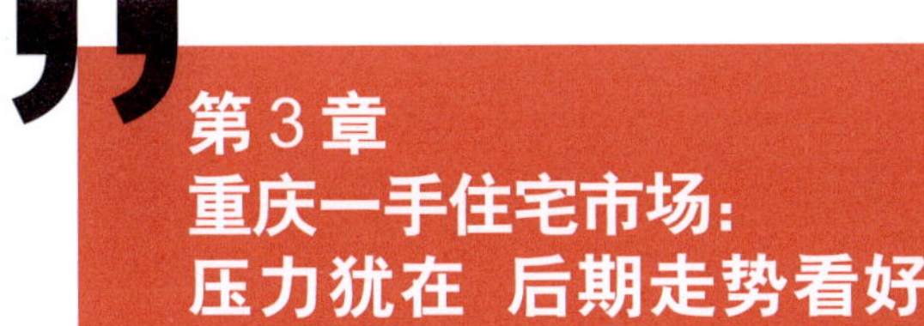

第 3 章 重庆一手住宅市场：压力犹在 后期走势看好

3.1 整体供大于需 库存压力大

重庆主城区商品房市场的供应除受春节和高温夏季等季节性因素影响外，一直以来的供应量是相对稳定的，而需求则在宏观调控的影响下波动较大，成交量的下滑直接导致了商品房供应的失衡。

从 2011 年初开始主城区商品房成交量开始大幅下滑，导致商品房市场供大于求情况的出现，2011 年主城区商品房供应量和成交量的差额达 607 万 m^2，到 2012 年初供需不平衡的情况才开始有所缓解，但 2012 年以来消化的存量十分有限。到 2012 年年中，主城区商品房的存量仍有 730 万 m^2 左右，市场库存压力仍较大。

图 3-1 重庆市主城区商品房供求情况（2011 年上半年—2012 年上半年）

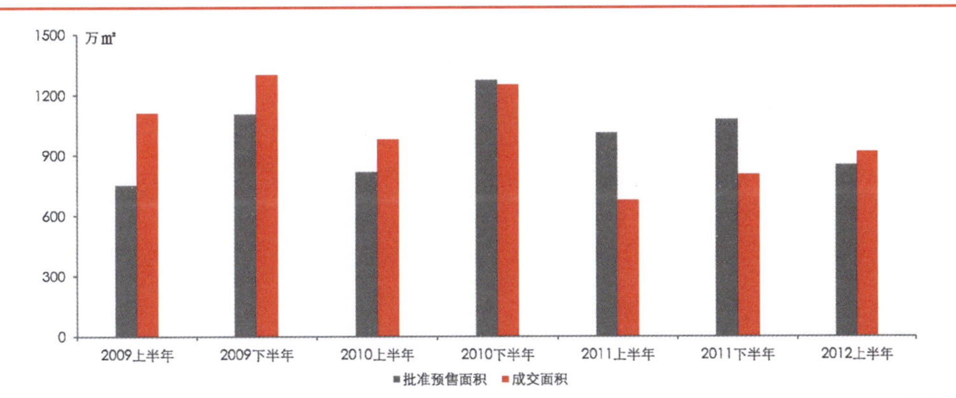

数据来源：重庆网上房地产

3.2 成交量逐步恢复 供需平衡有望回归

由于商品房库存压力的加大，2012 年初开发企业调整了供应量，加之房贷政策的相对松动带来的成交量的回升，2012 年上半年的商品房供应量和成交量基本平衡。从 2012 年 3 月开始，主城区商品房的月度成交量就一直保持在 170 万 m^2 以上，3 月更达到了 17 个月以来的成交量新高。从趋势上看，主城区商品房的成交量开始相对稳定，未来供应不平衡的状况将有所缓解。

图 3-2 重庆市主城区商品房供求月度情况（2011 年 1 月—2012 年 6 月）

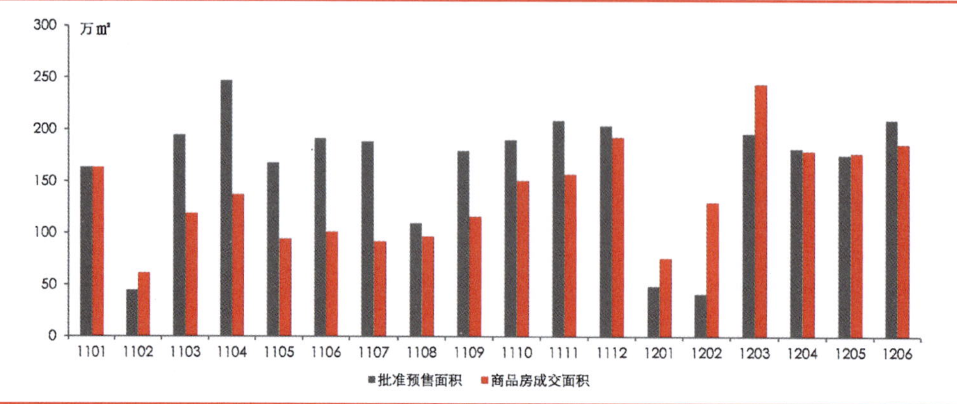

数据来源：重庆网上房地产

3.3 市场以价换量 价格振荡后趋稳

重庆主城区商品房成交均价一直保持增长趋势，从 2007—2011 年上半年，主城区商品房成交均价的年均增长率为 22%。2011 年上半年商品房成交均价突破 7000 元 /m^2，达到 7073 元 /m^2，环比涨幅 9.8%，创历史新高。

2011 年价格高涨带来了成交量下降和库存压力的增大，2012 年开始开发企业采取了以价换量的策略，成交价格在经历了下调和相对稳定后，成交量也开始回升并保持稳定。从 2011 年 8 月主城区商品房月度成交均价下降到 7000 元 /m^2 以来，随后的数月，主城区商品房月度成交均价一直保持在这一水平之下。2012 年 3 月开始，主城区商品房月度成交均价趋于平稳，价格介于 6600~7000 元 /m^2 之间小幅波动，这也使主城区商品房成交量保持一个相对活跃的水平。

图 3-3 重庆市主城区商品房月成交均价（2011 年 1 月—2012 年 6 月）

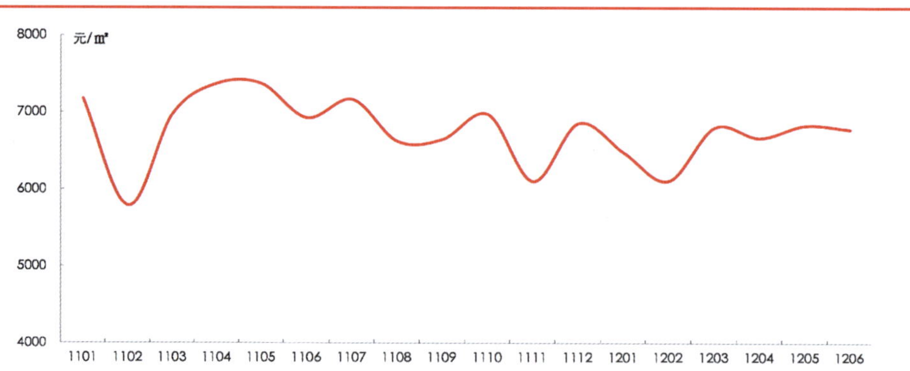

数据来源：重庆网上房地产，重庆中原市场研究部

3.4 普通住宅供应为主　高端产品供应趋少

重庆市主城区的商品住宅供应依然保持以高层、小高层产品为主的供应格局，高层、小高层产品的供应比例保持近 9 成左右。受到 2011 年市场调控的影响，高端住宅产品的供应在 2011 年期间下降明显，特别是花园洋房产品的预售供应环比下降 23%，别墅产品的预售供应占比则由 2010 年的 5.33% 下降至 2011 年的 4.61%。

2012 年上半年期间，重庆楼市交易活跃，刚需及改善型需求在此期间陆续释放，在高层、小高层产品保持稳定供应的基础上，高端产品的供应势头也较 2011 年有所回升，但高端低密度产品的开发进度整体来着是有所放缓的。

图 3-4 重庆市主城区商品住宅各建筑形态供应情况

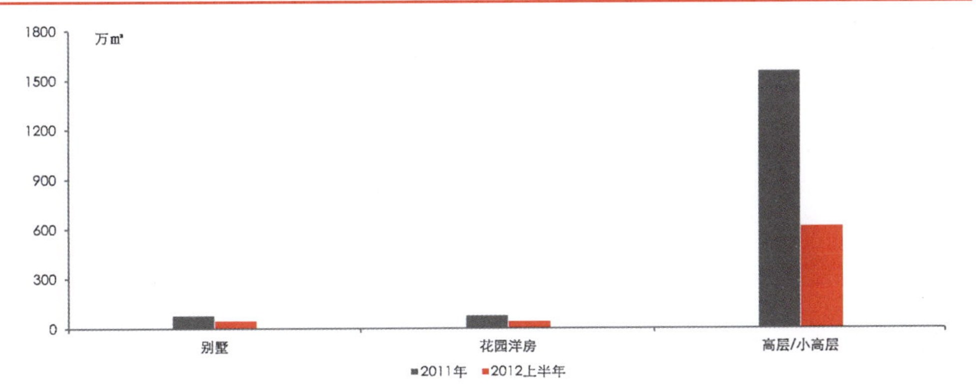

数据来源：重庆中原市场研究部

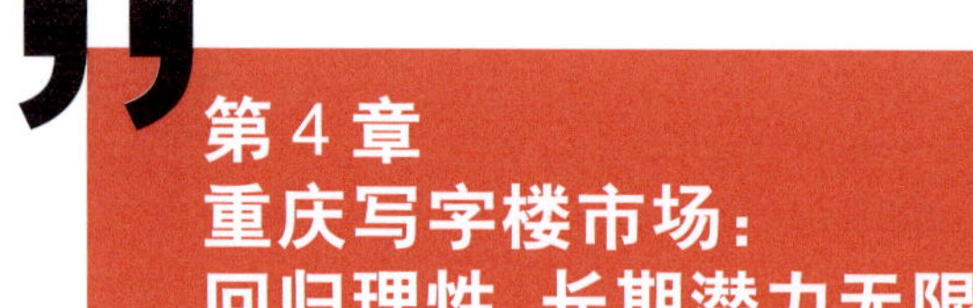

2011 年全国商品房住宅市场过快上涨势头得到有效抑制，成交量明显下降，价格也出现松动。在住宅限购、二套房首付及利率上调的大背景下，众多投资者将目光转向写字楼市场。2011 年重庆写字楼市场发展迅速，全市写字楼在售项目成交面积大增、价格一路走高，租金也有一定程度的上涨；进入 2012 年，受到住宅市场回暖致使部分资金分流，加之写字楼供应体量激增，写字楼成交量和成交价格出现下滑，市场逐渐回归理性。

4.1 成交热度减弱　市场回归平淡

2012 年上半年，重庆写字楼市场表现平淡，成交面积、成交价格均不如 2011 年下半年强劲：2012 年上半年重庆主城区写字楼成交面积 23.7 万 m^2，环比下降 29%；成交建筑面积单价 9765 元 /m^2，环比下降 9%。这也使主城区商品房成交量保持一个相对活跃的水平。

图 4-1 重庆市主城区写字楼成交量价趋势图（2011 年 7 月—2012 年 6 月）

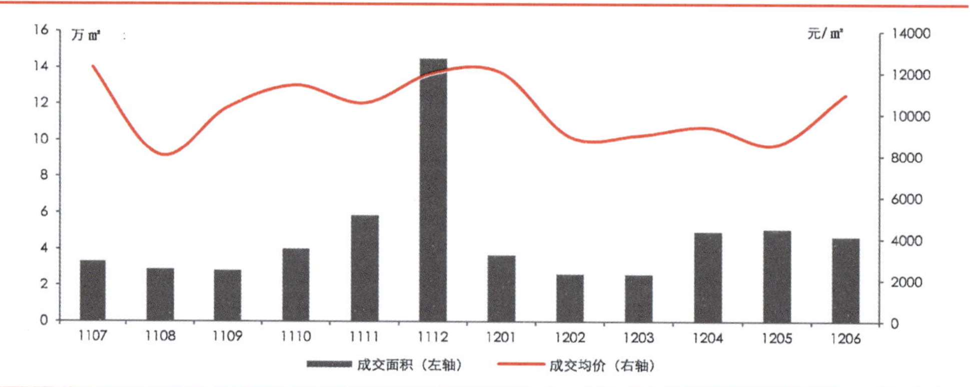

数据来源：重庆网上房地产

4.2 预售体量大增　市场吸纳能力面临挑战

2012 年上半年重庆主城区取得预售许可证的写字楼面积为 68.55 万 m^2，环比上涨 46%，同比上涨 56%。从批准预售趋势来看，2012 年 6 月份批准预售体量达到了近一年多以来的最大值，预计未来重庆写字楼供应体量将会出现较大幅度的增长，在整体市场回归平淡的大背景下，市场吸纳能力面临较大挑战。

图 4-2 重庆市写字楼市场批准预售月度趋势（2011 年 1 月—2012 年 6 月）

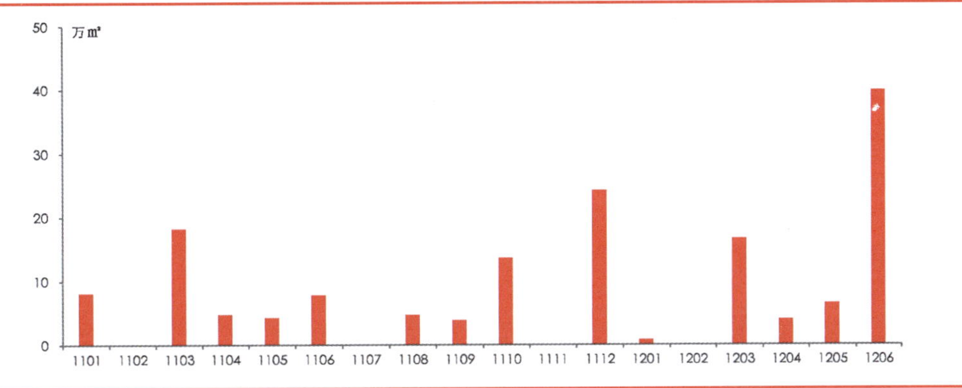

数据来源：重庆网上房地产

4.3 租赁市场表现平稳　空置率上行风险较大

2012 年上半年，主城区写字楼成交价格为 13343 元 /m^2，租金 58 元 /（m^2• 月），环比小幅下降 3%。租金回报率基本保持在 5.2%~5.6% 这一水平，投资赢利区间较大，加之重庆经济高速发展，使得众多投资者看好重庆未来写字楼发展，租赁市场整体表现平稳。

但目前重庆写字楼空置率为 18%，依旧处于高位，随着国汇中心、英利国际金融中心、联合国际等大型写字楼项目交付使用，写字楼供应体量激增，在整体市场表现平淡情况下，预计空置率会进一步升高。

4.4 城市 CBD 格局显现　江北嘴引领未来发展

重庆中央商务区总用地规模为 5~6km^2，由解放碑、江北嘴、弹子石组成：解放碑主要承担商贸功能，同时包括商务办公职能；江北嘴承担商务办公职能，包括一部分商贸职能；弹子石承担配套服务功能，包括高级居住、公寓、酒店、文化设施等。

重庆 CBD 由于空间和历史因素，呈现三角板块规划格局，由于多年的沉淀，解放碑在过去若干年承担着核心的功能。江北嘴作为新兴规划的纯粹商务区，其商务规划比重比解放碑更大，将打造高起点规划、高规格建设的现代商务形象，功能结构更合理，势必会吸引重庆其他区域，也包括解放碑区域的部分商务客户进驻。江北嘴商务影响会逐渐加强，虽在一定时间内与解放碑呈胶着发展，并驾齐驱的态势，但未来势必超越解放碑，成为重庆 CBD 甚至西部 CBD 的核心。

图 4-3 重庆市主城区 CBD 区域示意图

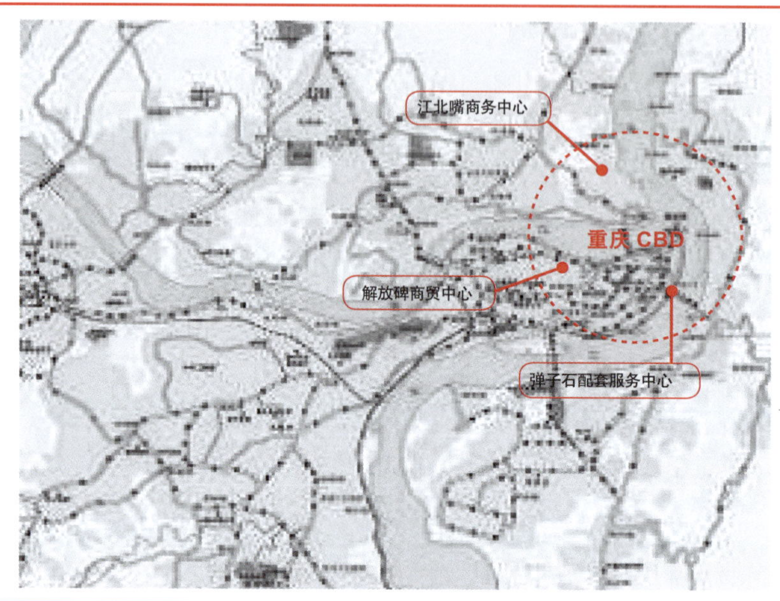

重庆市解放碑、江北嘴 CBD 功能结构比重表

表 4-1

指标	解放碑	江北嘴	国际 CBD
商务	36%	54%	60%
商业文化	35%	14%	20%
居住	39%	33%	20%

数据来源：重庆中原市场研究部

第 5 章 重庆商业市场：商圈竞争激烈 社区商业前景可观

5.1 中心商圈大型购物中心为主　竞争激烈

近两年主城区五大商圈推出了大量城市综合体项目，此类项目均包含较大面积的商业广场或购物中心，这些新兴的购物中心大多拥有购物、餐饮、休闲、娱乐等综合性经营模式和完善配套设施。据中原不完全统计，近两年 5 大商圈范围内在建及代建的城市综合体项目超过 15 个之多，大多数商业项目多采用开发商持有经营的策略。业态较为单一的百货公司和大型零售企业为主的传统商业经历了前几年的快速增长，近两年呈饱和状态，在中心商圈的供应量非常小。

主城区大商圈不断扩容，竞争异常激烈。一方面来自各主要商圈商业经营的同质化，不管是以传统百货和大型零售企业为主的传统商业还是开发商自已持有物业的大型购物中心都存在经营商家和经营模式的同质化问题。

图 5-1 重庆市主城区 5 大主要商圈分布图

资料来源：重庆中原市场研究部

5.2 社区商业成供应主流　前景看好

主城区各中心商圈近两年的商业多以城市综合体内的大型购物中心出现，而这部分商业大多为开发商自已持有并经营，因此中心区域的商业供应量非常有限。而随着城市扩容，主城居住圈的不断扩大，社区商业成为住宅项目必不可少的配套，也成为主城区商业供应的主流。

传统的以住宅底商为主的社区商业大多分散、规模小且经营项目单一，近两年主城区社区商业则呈现集中化的特点。开发商将社区商业集中修建，规模的扩大使社区商业能更科学地规划和管理，进而引进大量大中型零售企业、品牌餐馆和服务企业，大幅提升社区商业的档次及辐射能力。随着城市多处居住中心的出现，社区商业的发展潜力也是巨大的。

第 6 章 成都土地市场：枯木尚未泯 遇水即逢春

6.1 暗流涌动 蓄势待发

2011 年，成都市主城区（包括高新区）共公开拍卖、挂牌住宅类及商业类国有建设用地 71 宗，总出让面积 5483.5 亩，成交 4712.7 亩；未成交地块 11 宗，共计 770.79 亩，其中 4 宗流拍，7 宗因各种原因拍卖终止，流拍率创下近年新高。

成交地块中，住宅类用地 23 宗，共 1469.6 亩，同比大幅下降 41%；商业类用地 36 宗，共计 3012.22 亩，同比上升 33.6%，“商进住退”趋势明显。其他混合类用地 1 宗，成交面积为 230.85 亩。

2012 年上半年，成都市主城区（包括高新区）共公开拍卖、挂牌住宅类及商业类国有建设用地 31 宗，最终成交 29 宗（1 宗地块流拍，1 宗因故取消）。总供应面积 1562.83 亩，同比和环比分别下降 44.2% 和 41.8%；总成交面积 1436.51 亩（含加油站用地），成交量同比和环比分别下降 39.3% 和 38.8%。

2012 年上半年，成都市的土地供需为近 3 年来的新低，但从 5、6 月的土地公告情况来看，目前土地市场开始逐渐走出低谷，交投趋于活跃。上半年成交量表现不佳主要是受到前期市场供应不足所致。自二季度以来，政府已经开始进入高频率推地时期。我们预计第三季度全市的土地成交将进入今年的高峰时期，溢价土地出现的比例也会随之增大。

图 6-1 成都市主城区住宅及商业用地供需走势（2007—2012 年上半年）

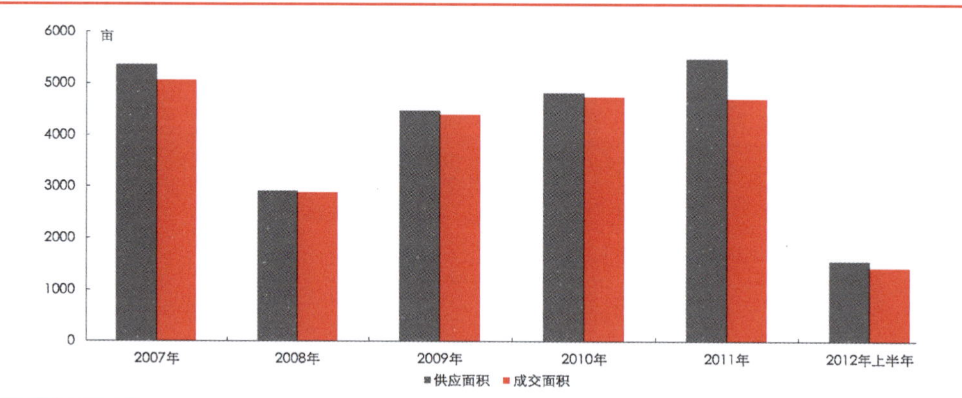

数据来源：四川中原数据库

6.2 流拍到溢价　土地市场竞争激烈

2012 年上半年的土地市场，在 5 月份之前以底价成交为主，且可见到优质地块遭遇流拍或底价成交的现象。进入 5 月份之后，主城区所有土地均是溢价成交，平均溢价率为 44.3%，最高溢价率达到 110.2%。3 月及 5 月，住宅市场成交量的良好走势使得开发商资金链得到缓解，对后市的信心有所恢复，对土地市场的关注度也有所提高，故进入到 5 月份之后土地市场的竞争相当激烈。

6.3 出让面积下降　单亩出让金反弹

据中原数据统计，成都市主城区 2012 年上半年成交面积为 1436.51 亩，同比下降 39.2%；出让金额 104.68 亿元，同比仅下降 16.6%。由于成交面积的同比下降幅度大于出让金额的同比下降幅度，因此单亩土地成交价反而同比上涨 197 万元。单亩地价的反弹一方面使得开发商拿地成本提高，开发风险加大；另一方面，地价的上升或水涨船高引起相应楼价上升。

6.4 商住持续倒挂　商业存过剩风险

2012 年上半年，住宅类用地供应面积为 728.45 亩，成交面积为 674.04 亩，成交环比减少 45.5%；商业类用地供应面积为 845.17 亩，成交面积为 751.34 亩，成交环比减少 33.4%。2012 年上半年，成都市土地市场继续呈商住倒挂之势。由于限购令的存在，投资热钱还在持续进入商业地产市场。根据中原数据显示，目前成都市商业地产存在去化慢、存量大、空置率较高等现象，商业或存过剩风险。我们预计后期土地供应的商住结构将会相应调整。

6.5 外来房企占主导　本地房企抢占中小地块

2012 上半年主城区成交的 29 宗地块中，本地企业与外来房企分别拿下 16 宗和 13 宗，购地宗数差距不大。但从成交地块的土地面积来看，外地企业拿下的 13 宗地块面积达 1050.61 亩，比本地企业拿地总量多出 491.25 亩。在外来军团的强势阻击下，本土企业拿地不易，多在面积较小、位置一般的地块上有所收获。从市场活跃度来看，土地市场刚开始回暖时以本土中小企业拿地居多，进入到 6 月份之后外地品牌房企也开始活跃起来。这主要是因为品牌房企精力集中在加快新房去化速度，继续采取“现金为王”策略，对土地市场的关注度有所减弱。随着住宅市场逐渐改善，房企资金链变得充裕，再加上后期土地存量急剧下滑，开发商将陆续抢占土地市场，掀起新一轮拿地热潮。

第 7 章 成都一手住宅市场：信贷环境改善 楼市触底反弹

7.1 多重利好刺激　市场筑底回升

2011 年成都楼市遭遇深度调控，整体市场颓势明显。2012 年 2 月开始，信贷政策及地方微调开始改变楼市风向，开发商也趁机加大促销力度，以价换量深度执行，刚性需求集中爆发，市场呈现出回暖态势，活跃度明显提升。商品住宅市场表现虽有所反复，但量升价稳趋势已然确立。

2011 年，成都市主城区商品住宅供应套数为 95154 套，共计 928.71 万 m^2。月度供应起伏不定，上半年除房交会前后有一波集中供应外，其余时间均呈低位波动，下半年开始逐步升高。2012 年上半年，全市商品住宅总供应 35290 套，供应面积 348.98 万 m^2。与 2011 年同期相比，供应量小幅下滑，供应面积减少 3.2%。4 月份，在小阳春和房交会的双重影响下，供应量出现阶段性高峰，但其余时间月度供应量依然在低位波动。我们预计 2012 年下半年随着成交量的攀升，一手住宅供应将得到补充。根据以往的经验，临近秋交会时市场供应可能将会有一次集中放量。其中，刚需类产品仍将是市场主导。

图 7-1 成都市住宅月度供求面积及价格走势（2011 年 1 月—2012 年 6 月）

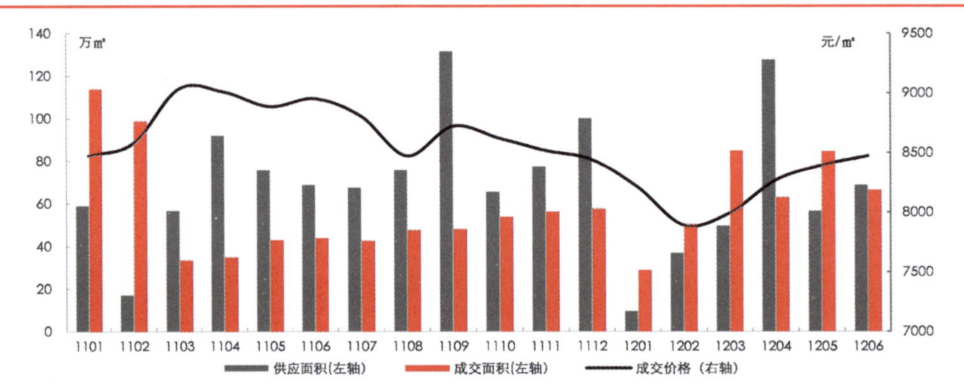

数据来源：四川中原数据库

2011 年，中央调控力度加大，购房者信心不足，降价预期强烈，观望情绪浓厚。自 2 月始，成交量持续低迷，整体市场处于严重的萎缩。2012 年伊始，政府在强调抑制投资需求的同时，提出鼓励刚需首套房置业。央行多次降准降息，货币环境趋松。信贷微调深度影响购房者门槛，刺激入市。“首置”和“首改”等客户群体纷纷下手，成交量开始出现震荡上扬。2012 年上半年，成都市一手住宅共成交 41213 套，成交面积 378.75 万 m^2，同比和环比分别增长 11.5% 和 23.7%。

7.2 量涨价跌　后市谨慎乐观

2011 年，央行三度上调存贷款利率，不仅打击投机投资需求，也让市场刚性需求望而却步，市场一度低迷。即便这样，2011 年成交均价仍在 8604 元 /m^2，相比 2010 年增加 9.2%。政策调控并没有让房价下降，只是在一定程度上缓解了房价的上涨速度。这种局面一直维持到 2012 年。

2012 年上半年，量涨价跌逐渐成为市场主旋律。2012 年初，在信贷与政策相对放松下，住宅市场明显复苏，开发商趁此机会以价换量，收效显著。2012 年上半年，商品房成交均价降至 8214 元 /m^2，与去年同期相比下降 4.7%。

图 7-2 成都市主城区一手住宅成交价格走势（2005—2012 年上半年）

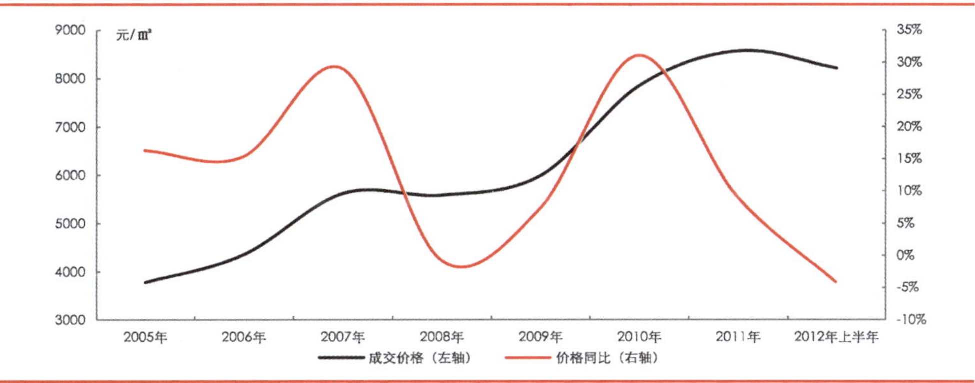

数据来源：四川中原数据库

限购令颁布之后，成都市场住宅价格滞涨回落。2011 年 4 月份，价格出现明显松动，之后下降趋势明显。2012 年 2 月，住宅成交均价降至 7891 元 /m^2，为 2011 年至 2012 年 6 月期间成交均价的最低位。进入 3 月以来，市场成交量明显上涨。而 5 月底，部分开发商开始取消优惠活动，房价止跌回涨，去化量也保持平稳增长态势。但由于目前政策监控仍然较为严厉，我们预计后期价格出现大幅波动的可能性较小。

7.3 价格阶段性触底　各方位供不应求

城中依然是各方位供应量最小的区域。2011 年，城中供应量为 86.83 万 m^2，同比增加 255.9%。由于自身受到土地资源稀缺的制约，城中供应量持续下降，2012 年上半年同比减少 46.4%。虽然城中各项配套完善，抗跌性较好，但受整体市场不景气拖累，成交均价在 10000 元 /m^2 左右，同比下降 2.4%。

2011 年，城东月度供应量起伏不定，7 月份供应低至 1.19 万 m^2。除两次房交会前的集中供应，12 月份供应量达到 23.53 万 m^2，可见即使市场低迷，开发商也要在年前一搏。2012 年上半年，城东供应量较 2011 年同期下降 33.1%，但成交量却得以攀升。一方面，东边开始入驻大品牌楼盘，生活配套逐渐完善；另一方面，“北改”等政策因素亦刺激着城东市场的发展。

作为未来的国际新区，城南的发展有目共睹，供应量和成交量也是各方位中最多的。2011 年，城南供应 331.47 万 m^2。2012 年上半年，城南供应同比上涨 46.4%。2012 年第 1 季度供应量较为低迷，4 月份房交会前夕城南供应量达到峰值，随后震荡下滑。受供应量减少影响，2012 年上半年成交量较 2011 年同期下降 11.3%。开发商齐齐降价促销，以价换量。2012 年上半年，城南成交均价 8412 元 /m^2，同比下降 8.8%。

城西方位一直都是成都居住舒适度较高的区域之一。2011 年，城西总供应 205.51 万 m^2，仅次于城南。2012 年上半年，城西供应较 2011 年同期下降 23.3%；成交量 97.9 万 m^2，同比上涨 5.5%。特别是以光华逸家和万科金色领域为主，周边楼盘去化率都比较高。成交均价也有所下降，2012 年上半年城西均价 7930 元 /m^2，跌幅 4.1%。

2012 年，市场以消耗前期存量为主，再加上城北正值北改期间，开发商对城北仍有一定的观望情绪，所以上半年城北供应量依然较低，但成交量同比去年却增加 53.6%。“北改”对城北置业具有较大的影响，加之商业项目启动，城北大型综合性商业体的空白将逐步被填补，商业带动住宅发展。城北成交均价走势较为平稳，同比小幅增加 1.7%。

我们预计，后期各区域供应量将得到补充，供不应求的现象出现一定改善，成交量稳中有降，价格微幅上涨。作为城市核心，城中的地理条件优越性无可替代，后期可能仍然保持当前供需水平，并呈现小幅波动之势。随着生活配套和生活环境的逐渐完善，城北、城东的区域价值也将慢慢体现出来。城西和城南发挥本身的居住环境优势或许会继续推出以刚需为主的产品来满足首次置业者。

图 7-3 成都市各方位住宅供求走势（2011 年）

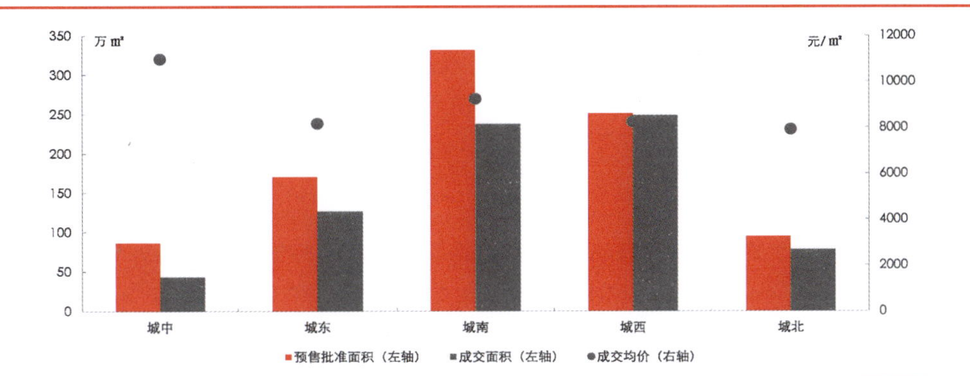

数据来源：四川中原数据库

图 7-4 成都市各方位住宅供求走势（2012 年上半年）

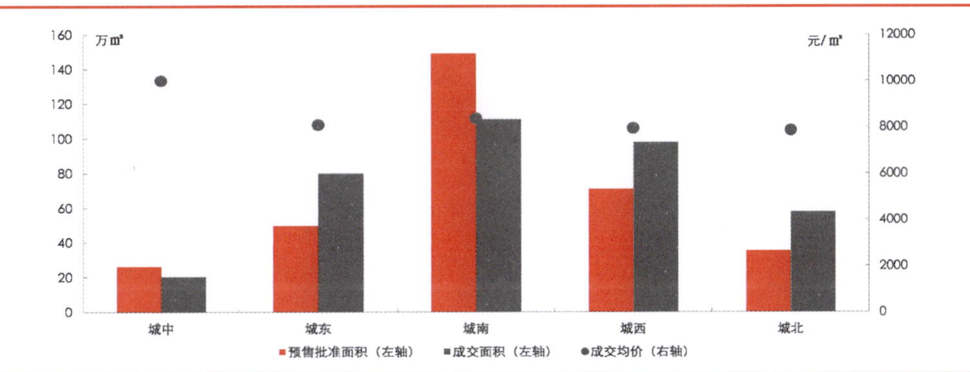

数据来源：四川中原数据库

第 8 章
成都二手住宅市场：全年将迎“冰火两重天”

2011 年，楼市调控进入深水区，蓬勃的买房需求集体蛰伏，成都市全年二手住宅市场成交量是仅高于 2008 年的历史第二低点。作为楼市风向标的二手房市场，反映出了调控政策给楼市带来的深刻影响。同时，观望情绪蔓延、业主惜售等因素叠加促成了 2011 年成都市二手房市场的“一落千里”。

进入到 2012 年，信贷松绑、央行降息以及 7 月 1 日开始施行的按评估价征税等一系列政策都在影响着全市上半年二手住宅市场。政策面刺激增加了市场需求，成交量持续攀高。但 2012 年下半年，二手房评估税法的出台将会对二手住宅成交量形成一个不小的阻碍，二手市场观望情绪将再次蔓延，预计下半年的成交量或将无法超越 2011 年同期水平。

8.1 成交持续低迷　年内缓慢复苏

2011 年，成都市二手住宅成交套数和成交面积分别为 29080 套和 255.76 万 m^2，环比分别下降 41.2% 和 42.1%。从二手住宅市场的行情走势来看，2010 年末二手住宅市场的火爆局面一直延续到 2011 年 1 月。2 月份，受春节假期因素影响，二手住宅成交量明显减少。3 月，二手住宅市场仍然维持着较好的成交量，然而从 4—7 月“限购令”的影响全面铺开，二手住宅成交量持续低迷，长时间在低位徘徊。

2012 年 1—2 月，受春节假期影响，二手市场延续 2011 年低迷走势，成交量处于低位。3 月份，“信贷松绑”利好，再加上成都市地税局传出消息，全市将于 7 月 1 日 起实施按评估价征税，市场迅速作出回应。3 月下旬，二手住宅市场成交量开始增加。此后，消息在市场中进一步扩散和发酵，成交量快速拉高。随着税费出台时间的临近，6 月份，全市二手住宅成交量达到年内最高水平的 8614 套。2012 年上半年，成都市二手房成交套数共计 20963 套，环比上升 47.51%。

图 8-1 成都市主城区二手住宅月度成交量走势（2011 年 1 月 —2012 年 6 月）

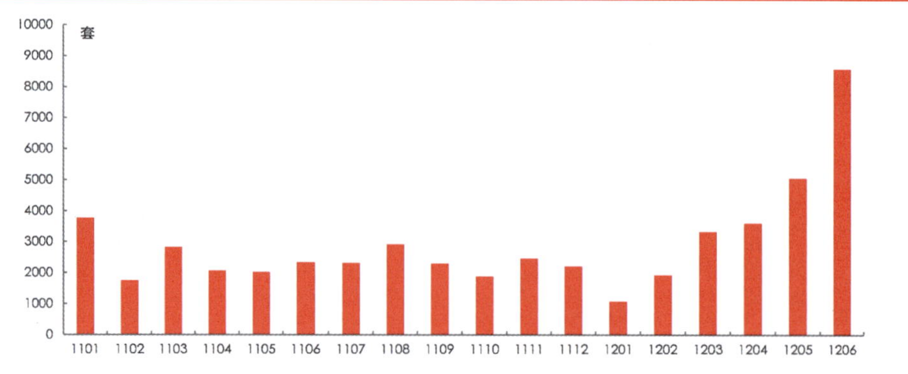

数据来源：四川中原数据库

城市 Market　楼事 Story　数据 Data

8.2 成交比重提升　6 月首超一手

2011 年，受政策牵制，二手住宅成交比重起伏不定。而 2012 年，受 7 月 1 日按评估价征税出台影响，二手住宅市场成交量自 3 月下旬开始持续增加，成交比重不断提升。随着税费政策出台的临近，6 月份二手住宅成交量达到年内最高水平，也是自 2011 年以来二手成交量首次超过一手，成交比重达 55.55%。2012 年下半年，受税费开征影响，二手市场形势依然严峻。我们预计下半年成交量或将无法超越去年同期水平，成交占比将保持低位。

图 8-2 成都市主城区一二手住宅成交比重走势（2011 年 1 月—2012 年 6 月）

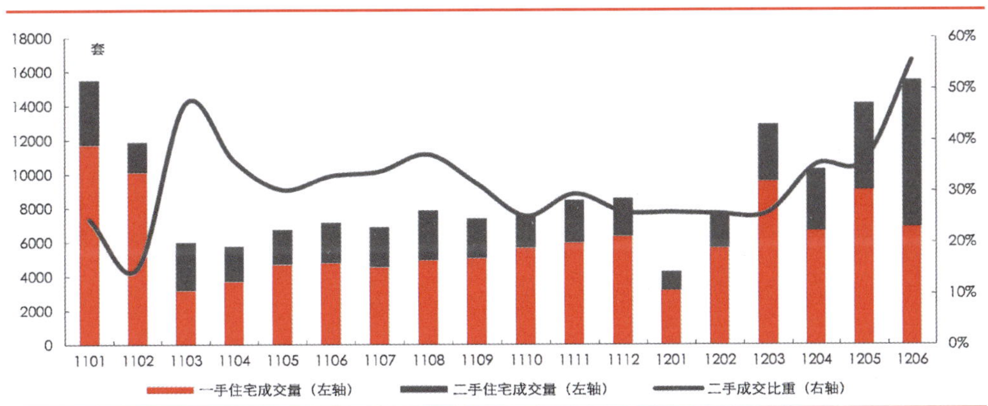

数据来源：四川中原数据库

8.3 金牛武侯领衔　各行政区差距缩小

从行政区来看，2011 年，武侯、金牛、成华三区的二手住宅成交量分别位列前 3 位，三区域成交量占全市总量的 55.3%。随着锦江区、高新区区域内众多次新房项目进入二手市场，其成交量已奋起直追，各行政区之间的差距逐渐缩小。

2012 年，二手住宅成交依然是武侯、金牛、成华三足鼎立的局面，但各区成交量差距较 2011 年进一步缩小。截止到 6 月底，金牛区成交量为 4726 套，取代武侯区成为冠军，占全市总量的 19.81%；锦江区成交量为 3598 套，成交比重较 2011 年增加约 1 个百分点；武侯区成交量为 4293 套，成交比重较 2011 年减少约 1 个百分点，其余各区变化不大。

图 8-3 成都市各行政区二手住宅成交套数对比

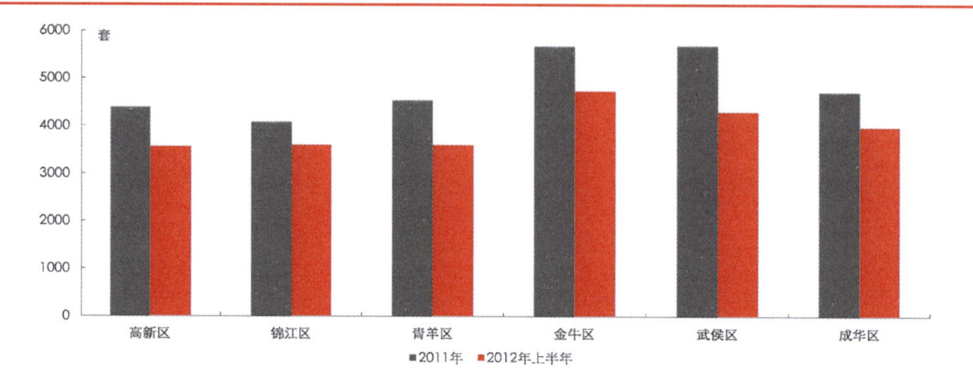

数据来源：四川中原数据库

第 9 章 成都行业格局：房企加速洗牌 强者恒强

9.1 行业特征：洗牌继续 分化严重

与全国多个城市相似，2011 年初的史上最严厉调控，对成都房地产市场产生了巨大影响。楼市量价齐跌，全年新房市场月均成交量仅维持在 40~60 万 m^2 左右，二手房市场冲击更甚，多数时期月均成交量仅有 2000 余套。土地市场同样惨淡，底价成交地块比比皆是，流拍率创下历年新高，出让金显著缩水。

进入 2012 年，自 2 月份开始，在受到信贷支持、刚需释放、价格破冰及微调政策共同影响下，市场一反常态，小阳春行情迅速到来。虽然各月成交量有所反复，但楼市转向特征明显：成交价格在一路下跌后开始企稳，一直谨慎出手的品牌房企频频拿地，溢价成交再现土地市场。种种迹象表明，楼市筑底正在形成，楼市最寒冷的冬天已经过去。但值得注意的是，目前市场消费主力仍旧是刚需群体，投资或投机性需求基本未返回市场，而对市场影响最大的政策风险依旧存在。

历时一年之久的调控对市场影响既深刻亦深远。在量价齐跌的市场中，仍旧有部分开发商长袖善舞，凭借自身资源、品牌优势加上适宜的产品及销售策略，领跑大市，强者恒强。而中小企业生存状况则更加堪忧，不仅销售遇阻，更是迫于资金实力及竞争状况无暇扩张拿地，夹缝求生或断尾求生者比比皆是。

9.2 竞争格局：客进主退 外来和尚好念经

标杆房企的表现一直是市场的风向标。一方面，标杆房企对市场变化较为敏感，同时其行为造成的效应影响颇大。目前市场两极分化严重：一方面，标杆房企多盘联动，项目品质梯次搭配，刚需盘和改善型楼盘相结合，去化速度明显加快；另一方面，普通房企去化虽有所改善，但进程依然缓慢，销售压力持续得不到缓解。

2012 年上半年，成都市 10 强开发商销售占整个市场的份额为 16.6%，集中化程度一般。若单就成都市主城区而言，行业集中度提高的趋势更为明显。全市来看，成都市房地产行业的竞争格局可简要概括为 3 成开发商销量占总体销量的 7 成。从单盘销售来看，TOP10 榜单中普遍为知名房企项目，品牌优势、主流产品再加上性价比是其制胜的不二法宝。

以保利、华润为代表的央企稳扎稳打，持续上榜。本土开发商中，除传统两强蓝光、置信外，其余无一上榜。虽然此次置信勉强挤进前 10，但由于其主力热销项目均在郊县，影响力相对较弱。蓝光前两年曾尝试进军高端市场，但效果不佳，如今修正路线，重执“低价快销”策略，效果明显。

成都市开发商商品住宅销量 TOP10（2012 年上半年） 表 9-1

排名	开发商	开发商性质	成交面积（万 m^2）	成交套数	市场占比
1	保利	央企	37.20	3409	2.7%
2	绿地	外地民营	27.96	3094	2.0%
3	佳兆业	港资	25.84	2456	1.8%
4	华润	央企	23.40	2535	1.7%
5	万科	外地民营	23.18	2268	1.7%
6	蓝光	本地民营	22.42	2440	1.6%
7	中海	央企	19.40	1481	1.4%
8	置信	本地民营	16.70	1561	1.2%
9	合能	外地民营	15.71	1787	1.1%
10	首创	外地民营	15.32	1687	1.1%

数据来源：四川中原数据库、网络公开数据整理

9.3 标杆房企：十强争霸　各领风骚

市场行情整体颓势并不影响标杆房企对市场份额的抢夺。保利、绿地、华润等房企均是各类排行榜常客。其中，央企大佬保利凭借多盘齐发、刚需为主的优势以 30.92 亿元的销售金额拔得头筹，万科、华润、绿地等传统豪强也依次就座。在困难的市场环境下，标杆房企采取以价换量策略，效果显著，多数已经完成了销售目标。

2011 年限购令后，除中海外，绝大多数标杆房企选择蛰伏，土地储备多处于停滞状态。直到 2012 年 3 月份左右，随着住宅销售破冰，标杆房企对土地市场的关注度开始提升。保利、中海、龙湖等房企开启新一轮的拿地热潮，并直接搅热成都土地市场。进入 5 月份以后，开发商的资金压力得到进一步缓解，土地需求明显加强，品牌房企纷纷加入“抢地”行动。

图 9-1 成都市标杆房企拿地情况（2011—2012 年上半年）

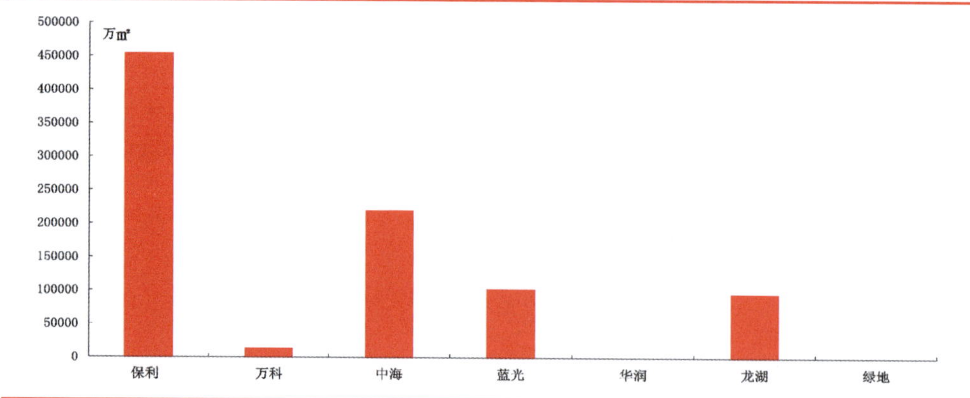

数据来源：四川中原数据库

第 10 章 成都商业市场：宏观经济下行 商业地产暗藏风险

2011 年 2 月份，成都版限购令正式执行，其后针对住宅市场的宏观调控地方与中央政府反复博弈，住宅市场受到严重影响。不受限购影响的商业地产市场虽然出现一定起伏，但总体表现相对平稳。前期商业用地不断推出，商业开发体量日益攀高，供应量出现“井喷”。由于宏观经济下行，投资性需求出现下滑，去化缓慢，商业地产市场暂时性过剩风险增大。

10.1 自住需求为主 市场明显降温

随着 GDP 增速放缓，实体经济下行，商业地产自 2011 年第四季度开始销售放缓，去化量长期处于低位。由于宏观经济大环境不容乐观，中小投资者信心出现下滑，多采取观望的态度。写字楼需求基本以企业自用为主。在供应出现大幅放量的情况下，市场去化压力大增。

近年来，随着大量商业用地出让，商业地产开发也进入一个开发热时期。受政府宏观调控影响，部分住宅投资转向商业地产市场。但由于地方政府微调，住宅市场出现回暖，开发商逐步回归风险较小的住宅市场，加大开发量。虽然政府推出商业用地的速度有所减弱，但由于前期商业用地推出量过大，未来商业地产供应或再度集中爆发，短期市场过剩风险不可避免。

图 10-1 成都市主城区商铺和写字楼供求情况（2011 年 1 月—2012 年 6 月）

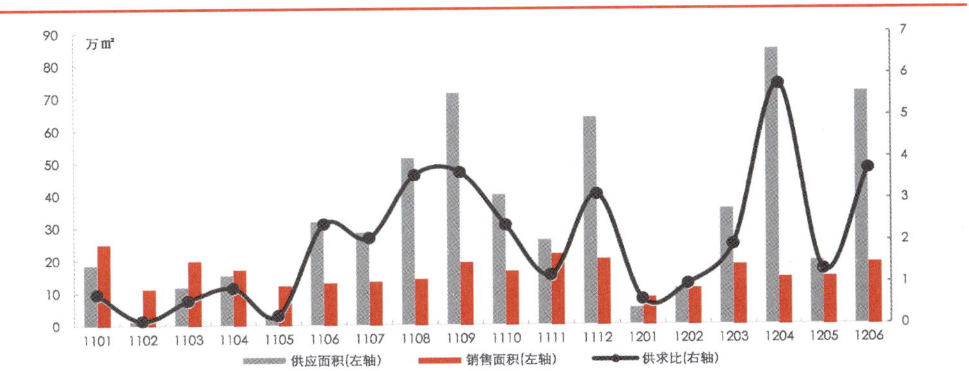

数据来源：四川中原数据库

10.2 租金微幅上涨 空置率攀升

整体来看，虽然写字楼租金保持上涨，但涨幅收窄。自 2012 年以来，市场新交付优质写字楼项目开始增多，租赁市场压力逐步显现，空置率也显著攀升。由于新增项目集中交付，市场竞争较为激烈，特别是新兴商务区，受到潜在供应量较大的影响，部分项目租金难以达到预期水平，投资回报率有所下降。

图 10-2 成都市优质写字楼租金及空置率走势（2008 年 1 月—2012 年 6 月）

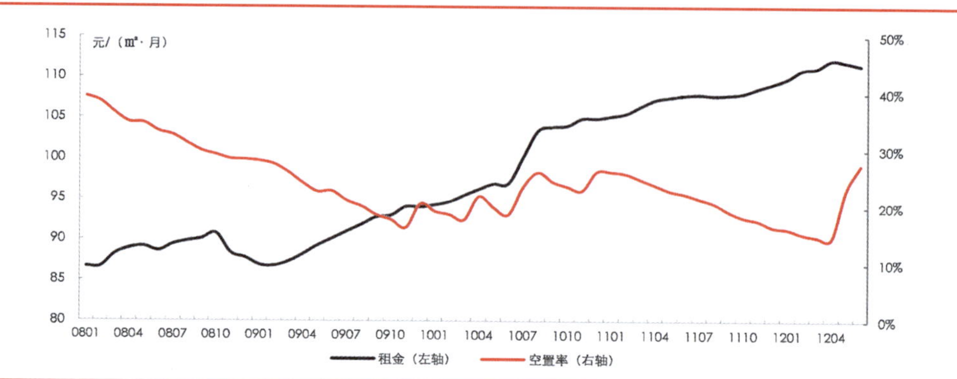

数据来源：中原地产数据库

10.3 租金普遍上扬　板块间差距缩小

各板块写字楼租金均保持了持续上扬的趋势，并且优质写字楼之间的租金差异缩小。市中心 CBD 写字楼租金保持平稳。人民南路 CBD 及东大街写字楼整体档次较高，租金水平较为接近。天府新城项目逐渐增多。随着市政配套设施相继完善和大型企业加速进驻，办公氛围逐步形成，优质写字楼租金出现较快增长。

图 10-3 成都市各板块优质写字楼租金走势（2011 年第 1 季度—2012 年第 2 季度）

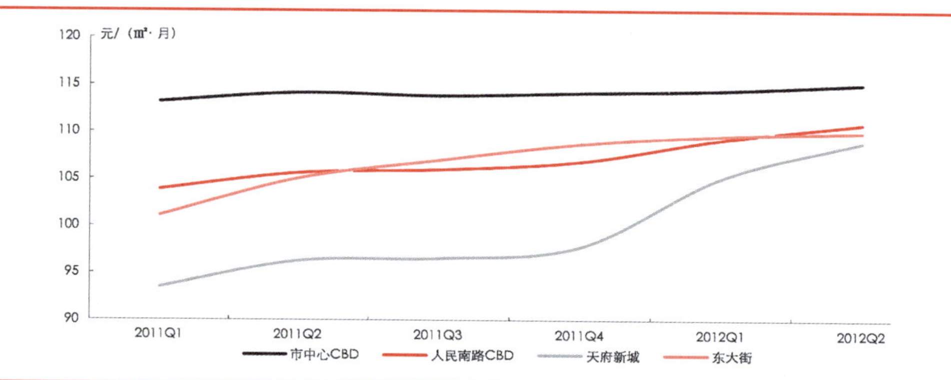

注：优质写字楼包含甲级写字楼及部分准甲级写字楼
数据来源：中原地产数据库

10.4 优质项目入市　商圈竞争升级

2011 年以来，随着多个大型商业项目入市，商圈竞争升级。其中，新南天地商圈苏宁广场、富森美家居等重点项目入市，使该商圈成为城南商业存量最大的商圈。 2012 年 5 月份，华润万象城交付使用，交付面积达到 24.4 万平方米。万年场新兴商圈异军突起，商圈暗战升级。春盐商圈，作为百年传统商圈，目前人气、品牌等方面依然处于绝对领先地位。受新房市场价格带动影响，商铺租金出现阶梯性上涨，其中以社区商铺表现尤为明显。

图 10-4 成都市各商圈商业存量情况（2012 年 6 月）

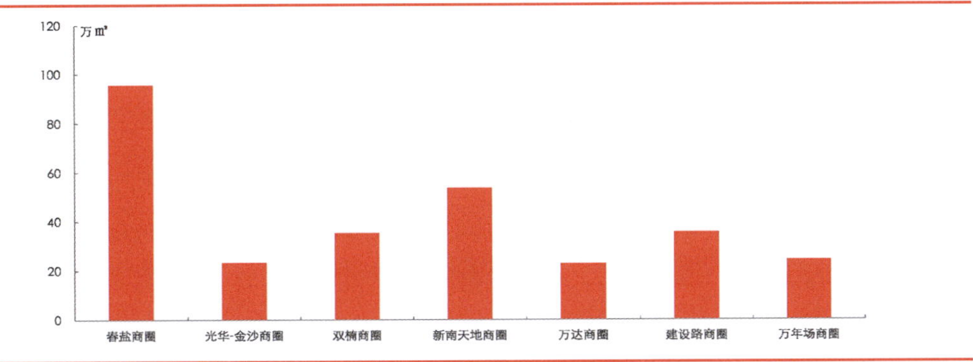

数据来源：中原地产数据库

成都市新增大型商业项目概览（2011—2012 年上半年）

表 10-1

新增商业项目	开业时间	商业面积（万 m²）	业态规划及品牌	特点
北京华联	2011-04-29	6.00	BHG 时尚百货、BHG 生活超市、品牌时尚店、服装、餐饮、咖啡厅、儿童娱乐城、嘉禾影院、电玩城	满足城西区域性消费需求，并在一定程度上弥补该片区大型商业百货的空缺
远东百货	2011-06-25	6.00	国际一线品牌、国际精品、时尚流行服饰、精致超市、特色餐厅、美食街等	地处市中心核心商圈，地段繁华，定位大型中高端百货卖场，引领春盐商圈升级
富森美家居	2011-07-30	20.00	318 个国内外一线家具品牌，并全国首创推出 8 大欧美家具独立店	城南高端家居卖场，成都最大单体卖场
苏宁广场	2011-09-30	12.50	苏宁电器 EXPO、星巴克、必胜客、肯德基、味千、澳门豆捞、横店影院、清健身、金宝贝早教、UR 综合店、劲浪体育、新宇钟表、屈臣氏等	处于快速成长的新南天地商圈，体量较大，业态丰富，拟发展成为城南又一综合性购物中心
伊藤高新店	2011-11-08	3.35	咖啡厅、美容美发、旅行社、餐饮 FF 店、儿童游乐剧场等	城南大源板块首家营业的综合类百货卖场，较好地满足该地区消费者需求，弥补区域商业配套不足，推动区域市场发展
地一大道	2011-12-23	9.00	零售、批发、购物、休闲、娱乐、餐饮、服装	打造地下购物中心，形成立体商业，连接较多商场及重要交通节点，为春熙路商圈再次扩容
王府井百货	2011-12-26	10.00	百货店、名品商铺、精品超市、特色餐饮、高端影院等	前身为天府汇成购物中心，改造后的王府井百货在业态、品牌、布局等方面更具有吸引力
华润万象城	2012-05-11	24.40	以零售店铺及餐饮为主，并配以百货商店、溜冰场、电影院、美食广场等主力店	城东重要商圈，填补万年场区域中高端购物中心空白，助推城东快速发展

数据来源：中原地产数据库

10.5 供应体量庞大　过剩难以避免

受住宅调控政策影响，开发商纷纷加大商业地产开发比重，大量城市综合体项目正处于如火如荼的建设过程中。由于这些项目都包含较大体量的商业写字楼，所以未来商业地产供应量仍将保持在较高水平。商业地产供应量较大，产品同质化水平严重，而市场消化能力有限，项目之间的市场竞争较为激烈，可以预见未来几年内，商业地产过剩难以避免。

租赁市场方面，整体来看，写字楼租金保持稳中有升之势。但由于宏观经济环境恶化，租赁需求减少，未来写字楼租金上行空间有限。随着地铁 2 号线的开通，沿线写字楼或出现一定的补涨。今年下半年，全市将有较多写字楼交付使用，特别是在天府新城区域，空置率或在短时间内再度攀升。虽然商铺市场供应出现回升，但主要集中在社区型商铺。大量的商业广场、购物中心仍采取只租不售的策略，未来商铺租赁市场竞争仍处于白热化阶段，租金将继续呈现平稳上扬的趋势。

楼事 Story

渝 成

成渝

第 11 章 重庆巴南滨江迎来新契机

重庆中原市场研究部　陈洁

2012 年 5 月 10 日，全长约 18.3km 的巴南区滨江路实现全线通车。该段道路是重庆市“两江四岸”规划和主城 10 大片区的重要组成部分，总投资 25 亿元，起自巴南鱼洞老大桥，与南岸二塘相接，是巴南区进出主城南部的重要交通枢纽。

11.1 巴南楼市现状

巴南区的前身为巴县，具有明显的“小城区、大农村”二元结构，与主城其他区域相比，经济社会发展水平相对较低，重庆直辖后的 15 年，也是“老巴县”向新巴南转换跨越的变质期。2011 年，巴南区实现地区生产总值 395.1 亿元，比 1996 年增长了 10 倍。

在巴滨路通车前，巴南区楼市是一个区域性市场，并没有与全市其他区域板块形成互动。其主要购房需求均来自于区域内，而在售楼盘也以中低价位为主，区域分布上以李家沱、龙洲湾和鱼洞为代表。

图 11-1 重庆市巴南区 3 大重点板块分布图

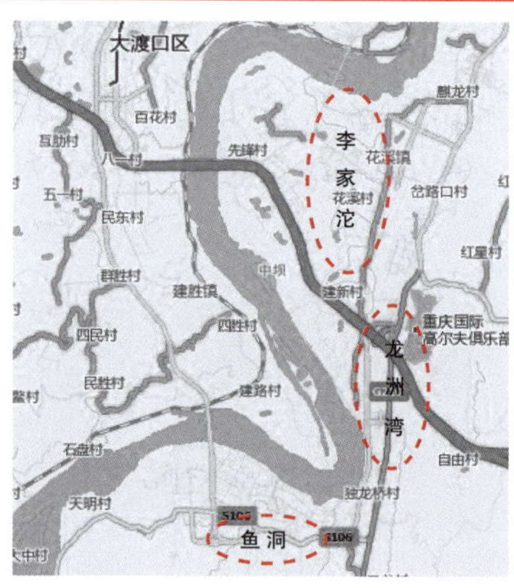

11.1.1 以中小型社区为主 价格相对较低

目前巴南区鱼洞、龙洲湾和李家沱板块主要在售项目约 14 个，其中 20 万 m^2 以下和 50 万 m^2 以上的项目各有 4 个，同占总数的 28.6%，而 20~50 万 m^2 的项目有 6 个，占总数的 42.8%。可见中小型社区项目为其主力供应，但大规模社区楼盘均是建筑面积上百万方的项目，如融汇半岛、曼哈顿城、曦园柳镇和恒大城，其中融汇半岛规模最大，建筑面积约 300 万 m^2，是一个复合型滨江项目。

从图 11-3 不难看出，板块内主要在售项目的价格大多集中在6500 元 /m^2 以内，与主城其他几区相比，价格仍处于一个相对较低的水平，实际成交均价在 6500 元 /m^2 以上的仅有 5 个项目，康利尔风花树和世纪金源御府由于地处龙洲湾片区，故价格相对较高；鱼洞的同景跃城和东原香郡均以中小户型产品为主，而融汇半岛是集滨江高层和洋房等产品为一体的综合项目，因此价格亦相对较高。

图 11-2 重庆市巴南区 3 大板块主要在售项目规模分布

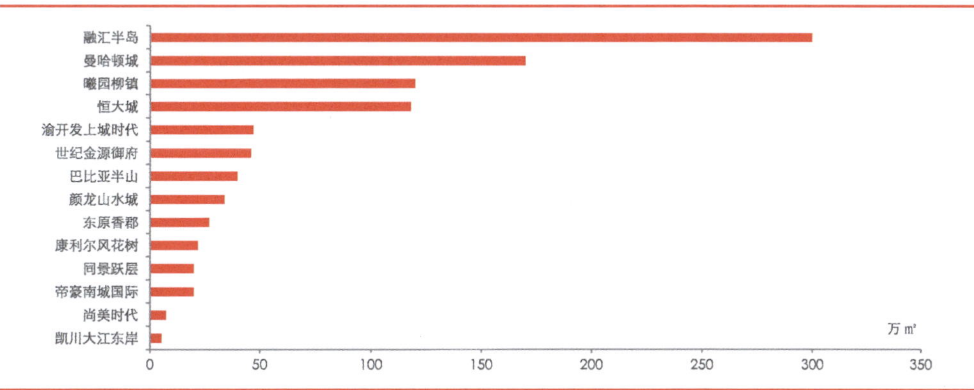

数据来源：重庆中原

图 11-3 重庆市巴南区 3 大板块主要在售项目价格比例

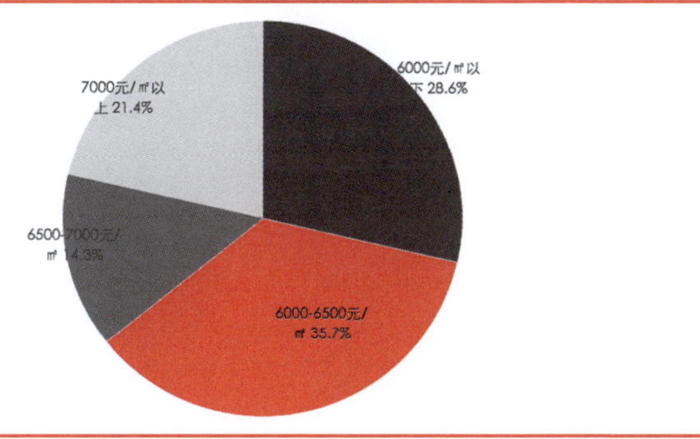

数据来源：重庆中原

11.1.2 普遍销售表现平平 购买客户区域性强

区域内主要在售项目整体销售情况一般，从 2012 年上半年的销售情况来看，大多数楼盘的开盘销售率约在 20%~40% 之间，当然也不乏个别销售乐观的楼盘，较为突出的主要为李家沱的融汇半岛、巴比亚半山和鱼洞的东原香郡、渝开发上城时代。融汇半岛产品多样，配套完善，大盘规模，销售情况一直较好；巴比亚半山以高性价比取得客户青睐；而东原香郡和渝开发上城时代主要是总价适中、位置优越等因素吸引客户目光。

由于巴南区的交通位置和配套关系，绝大多数客户均来自于本区域，对外区辐射力较弱，诸如以上销售情况较乐观的几个楼盘而言，李家沱板块的 2 个楼盘相对被南岸区和九龙坡区的客户接受，而鱼洞板块的 2 个项目基本为当地居所购买。

11.2 巴滨路通车利好区域楼市

巴滨路的通车，对区域内房地产的带动作用是必然的，特别是未来将对鱼洞、龙洲湾和李家沱片区的楼市影响最为明显。尽管目前巴滨路刚刚通车，对楼市的利好作用还未显现，但仍可以从现阶段的楼市情况来预测其楼市未来的发展方向。

11.2.1 交通出行大幅改善

由图 11-4 所示，巴滨路通车前，巴南区通往南岸区主要依托于渝南大道，车行时间约 50 分钟，这给生活在巴南区工作在区域之外的居民造成了极大的不便，但巴滨路的贯通使这一问题得到大幅缓解，通车后从南坪到鱼洞仅需 20 分钟。为使市民方便停车，也将规划建设一批停车场，同时巴滨路的公交线路也正在规划当中，预计年内开通。

巴滨路通车前，交通条件的限制、各项商业生活配套的欠缺把部分购房者挡在了门外，距离感使外区客户止步。而如今巴滨路通车，模糊了与南岸区的距离，拉近了与渝中区的距离，使得更多的购房者对巴南区投来关注的目光，加上区域内也不乏滨江品质楼盘、精装修居家项目和洋房、别墅等低密度产品，而楼盘价格也颇具性价比，相信未来区域楼盘会得到更多购房者的认可，从而区域辐射力随之增强。

图 11-4 重庆市巴滨路通车前后车程的对比

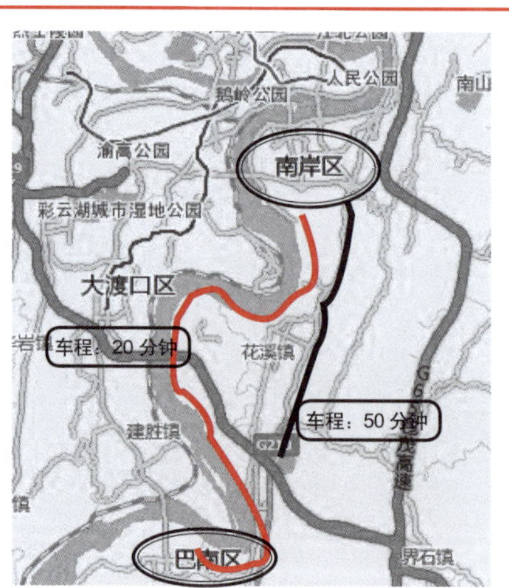

城市 Market
楼事 Story
数据 Data

11.2.2 商业配套规划

以前巴南区因道路交通、经济规划等因素落后于其他主城区，为此该区域的商业配套方面发展也相对缓慢，并没有形成一个商圈的概念，既无集中式大型 SHOPPING MALL，也无高档酒店、写字楼、专业卖场等一系列的聚集地。

在巴滨路建成后，这一切将得到极大地改善。巴南区将打造从李家沱 - 花溪 - 龙洲湾 - 鱼洞的滨江城市经济带，与其他滨江路以住宅和餐饮为主不一样，巴滨路沿线按照“自然、生态、休闲、亲水”理念，打造重庆滨江第一商业街，重点发展高端商务、星级酒店、高档休闲娱乐、大型城市综合体以及非银行金融业、总部经济等业态。

资料显示，深圳华强集团将携资 150 亿元在此兴建一座滨江文化新城，9 家风格各异的五星级酒店将花落此地；同时，在白金湾纯商业中心将建一家六星级酒店，一座甲级写字楼，并开办“4.0”版本的奥特莱斯购物小镇，市民可在此购买高档商品和退税免税商品等。商业配套完善的同时，亦是楼市逐步发展的契机。

11.3 巴南楼市发展趋势

11.3.1 知名房企争相进入

“十一五”时期，南岸和巴南提出了共同建设“江南新城”，打造“主城第三增长极”的战略设想，力争和“两江新区”、“西部新城”形成三足鼎立之势。为此不少开发商近几年陆续圈地进入巴南区 房地产市场，尽管目前区域房地产市场发展相对不算特别活跃，但随着市民对巴南区楼市的关注度日益增高，加上 2012 年 5 月巴滨路的全线贯通，无疑提升了楼市的竞争力。

以下为区域内主要知名开发商项目列举，而后期交通条件的改善势必将会吸引更多知名房企的进驻。

重庆市巴滨路已供应部分代表楼盘 表 11-1

项目名称	发展商	入市时间	规模（万 m^2）	产品类型	现时销售价格（元 /m^2）
融汇半岛	重庆融汇实业有限公司	2006 年 12 月	300	高层、小高层、洋房	高层：7000 小高层：7500 洋房：7800
恒大城	恒大地产集团重庆恒大基宇置业有限公司	2008 年 9 月	118	高层、小高层、洋房	高层：6300
曼哈顿城	重庆两江房地产有限公司（中国地产集团）	2009 年 8 月	170	高层、小高层、洋房	高层：5900
东原香郡	重庆东原房地产开发有限公司	2012 年 3 月	27	高层、超高层	高层：6800 超高层：6850
渝开发上城时代	重庆渝开发股份有限公司	2012 年 1 月	47	高层	5500

数据来源：重庆中原

重庆市巴滨路潜在供应部分代表楼盘 表 11-2

项目名称	发展商	预计入市时间	规模（万 m^2）	产品类型	备注
华宇龙湾	重庆华宇物业（集团）有限公司	2012 年 8 月	26	洋房、高层	预计 8 月中旬推出 36 号楼 40~103m^2 高层房源
宗申金蓝湾	重庆宗申天润地产有限公司	2012 年下半年	28	高层、洋房、别墅	包括 14 栋观江高层、4 栋退台式景观洋房、16 栋精致联排、叠拼别墅、1 栋公寓，4 栋独立商业，1 个配套幼儿园

数据来源：重庆中原

11.3.2 新兴板块巴滨路诞生

巴南区目前的重点板块主要为李家沱、龙洲湾和鱼洞片区，但巴滨路的通车势必将会促进一个新兴板块的诞生——巴滨路。交通和配套的不成熟极大限制了该板块的房地产发展，之前几乎没有开发商开发项目，但随着巴滨路即将通车的利好消息传出，融汇江山也同期开始销售，下半年还会有华宇龙湾、宗申金蓝湾陆续亮相，而主城区内又一江景资源的开发将会吸引更多开发商的目光，巴滨路板块的房地产市场将会日益成熟。

第 12 章
重品质稳价格
重庆别墅市场逆市而行

重庆中原市场研究部　刘鑫华

重庆自直辖以来，经济飞速发展，城市版图不断外扩，别墅产品也由最初的南山上的少量别墅逐步发展到各个区域，到目前已经基本形成了北区、南区和西区的 3 大供应格局。2011 年在整体市场持续低迷的情况下，别墅市场却保持稳中有升的趋势，其中联排别墅最受市场欢迎。

12.1 别墅成交量稳中有升 价格平稳

2011 年重庆的房地产市场成交量明显下降，降幅达到两成以上，而别墅产品却稳健增长，全年共成交别墅 109.12 万 m^2，成交 4629 套，成交面积和套数均小幅增加。

在比较冷淡的市场背景下，开发商放慢开盘节奏，别墅产品开始以消化市场存量为主，成交量明显高于供应量。由于别墅产品的购买客户相对高端，这类人群一般具有很强的资金实力，受到房贷等金融政策的限制较小，对于一些高品质，资源优势明显，且性价比高的项目往往出手较快，成交迅速。

随着重庆经济的不断发展，对外开放的不断加深，会有更多的城市新贵及外来高端人口进入重庆，他们对高品质的居住物业的需求也会不断的促进别墅市场的发展。

图 12-1 重庆市别墅批售和和成交占比对比图（2011 年 1 月—2012 年 6 月）

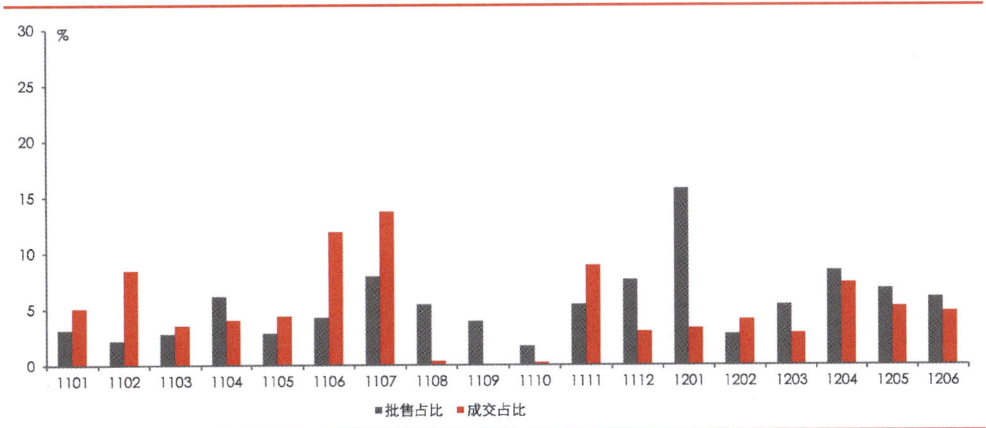

数据来源：重庆中原市场研究部

2011 年重庆房地产成交价格持续攀升，环比上涨接近两成，而别墅产品成交价格却涨幅较小，自 2011 年 1 月起整体保持稳定态势，成交均价在 10000~12000 元 /m^2 上下波动。由于别墅产品不同于高层等其他住宅产品，别墅的价格相对来说稳定性更强，多数与自身的建筑品质，环境资源，物业服务等要素相适应，因此受到外部因素的影响较小。重庆的别墅产品在整体上具有较好的开发品质，景观资源利用合理，销售价格贴合市场，从而在比较低迷的市场环境下别墅价值彰显，得到目标客户群体认可，实现了供需平衡，稳健发展。

图 12-2 重庆市别墅产品月度成交均价（2011 年 1 月—2012 年 6 月）

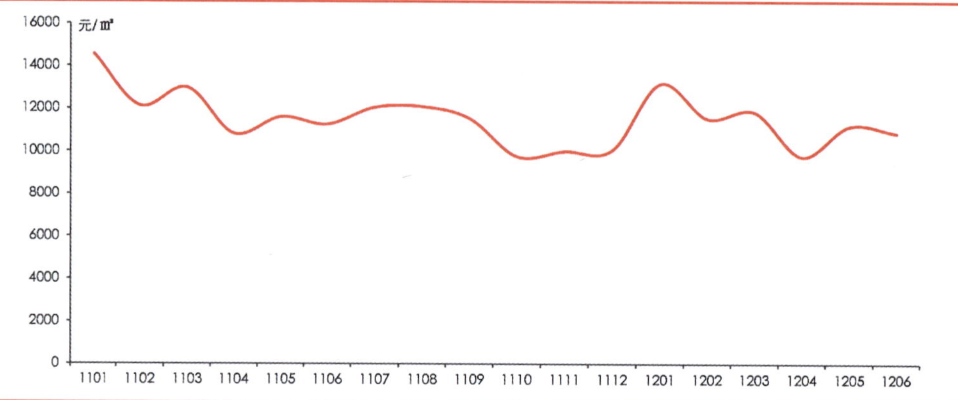

数据来源：重庆中原市场研究部

12.2 多板块百花齐放 热销产品各有千秋

目前重庆的别墅主要供应区域虽然仍以北区为主，但各区域内的板块供应已发生细微变化，尤其是目前比较活跃的金开—照母山板块、南山板块和北碚蔡家板块。

金开—照母山板块由原来的金开板块向外延伸到照母山附近而形成，陆续有知名的房地产企业进入，其中香港置地的约克郡项目市场表现活跃，凭借独有的山水资源，开盘仅 5 个月的时间，别墅销售 70 余套，去化率达到 78%。南山板块作为城市“绿肺”，近几年已鲜有低密度产品出现，但随着复地集团的千亩大盘落脚南山，别墅产品供应又江湖重现，购买者趋之若鹜，因为南山上的别墅是不可复制的，已日益稀缺，复地山与城在面市的半年时间里连续开盘 6 次，累计推出房源 137 套，去化率为 90%。北碚的蔡家板块受到国家政策的引导，作为城市副中心聚居区，可开发用地资源丰富，已有近 20 家房地产公司进入，其中已经开盘销售的别墅项目龙湖紫云台市场表现火爆，首次开盘便热销逾 300 套，可见该板块市场关注度较高，随着其他低密度项目的逐渐运作，蔡家板块必将成为未来别墅产品的热点开发板块。

图 12-3 重庆市在售别墅各板块分布图

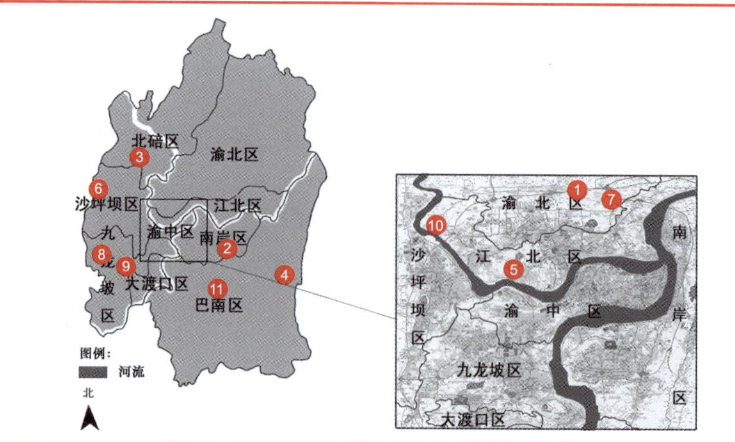

料来源：重庆中原市场研究部

城市 Market
楼事 Story
数据 Data

重庆市在售别墅主要板块分析

表 12-1

序号	主要板块	代表项目	板块特点	板块活跃度
1	金开—照母山板块	约克郡 万科悦府 融创恭爵堡 逸翠庄园	传统板块外扩，由金开大道延伸至照母山脚下，高端物业云集，在售项目别墅体量多数达 20 万 m^2 以上，销售价格适中	活跃
2	南山板块	复地山与城	传统板块再次活跃，拥有南山稀缺资源，自然环境优势明显	活跃
3	北碚板块	龙湖紫云台 中铁建山语城	近郊新兴板块，开发较晚，由于距主城区较远，且未形成区域规模，目前别墅项目价格相对较低，但未来低密度高端产品发展潜力巨大	活跃
4	茶园板块	融创伊顿庄园 鲁能领秀城 同景国际城郡望	开发较早，板块配套日趋成熟，未来发展空间大，在售别墅项目均为大型复合社区的别墅组团，但性价比较高	较活跃
5	鸿恩寺板块	嘉凯城北麓官邸 保利江上明珠	新兴板块，交通及生活配套较成熟，区位优势明显，属城市中心区稀缺型别墅，故别墅产品销售价格偏高	一般
6	大学城板块	龙湖至德路 9 号 富力城公园别墅	依托教育等产业资源，板块持续发展，已初现规模，在售别墅项目以经济型和舒适型为主，产品性价比较高	一般
7	农业园区板块	大鼎湖滨印象 万科渝园	开发较早，但板块周边环境一般，在售别墅产品以经济型和舒适型为主，产品开发一般	一般
8	白市驿陶家板块	上邦高尔夫国际社区 常青藤缇香小镇	虽然别墅进入较早，距主城区相对较远，且别墅项目少而分散，板块发展缓慢，其客户群受限明显，综合竞争力较低	一般
9	九龙坡新城板块	晋愉碧怡林畔	板块开发较晚，且周边环境有待提高，在售别墅项目少，板块不活跃	不活跃
10	江北农场板块	国奥村	虽然别墅进入较早，但配套发展缓慢，成熟度不高；在售项目别墅体量达 10 万 m^2 以上	不活跃
11	南泉板块	远洋高尔夫国际社区 汇景湾	自然资源明显，但交通及生活配套尚未成熟，在售别墅项目较少，且销售滞后，板块不活跃	不活跃

数据来源：重庆中原市场研究部

12.3 联排别墅广受青睐

独栋别墅受到政策的严厉控制，开发建设大幅减少，几年前比较热销的经济型别墅在产品做工，公共配套，居住舒适性等方面的劣势也逐渐暴露出来，供应逐渐减少。相比之下，联排别墅在户型研发，建筑用材，道路设计，景观创意及配套设施等方面不断提高，高性价比产品逐渐增多，已经成为绝对的市场主力，目前占到整体别墅物业类型的 80% 以上。

户型面积方面，供应和成交最为活跃的是 200~300 平方米之间的联排别墅，该面积段的别墅总价在 200~400 万元之间，符合大多数城市高端人群的购买心理。中原监测数据显示，2011 年 1 月—2012 年 6 月别墅的单套供应面积和成交面积均在 250 平方米左右，别墅产品的供需匹配度较高，可见开发商的产品研发和消费者的购买需求基本吻合，促进了别墅市场的稳健发展。

图 12-4 重庆市各类型别墅物业成交对比图（2011 年 1 月—2012 年 6 月）

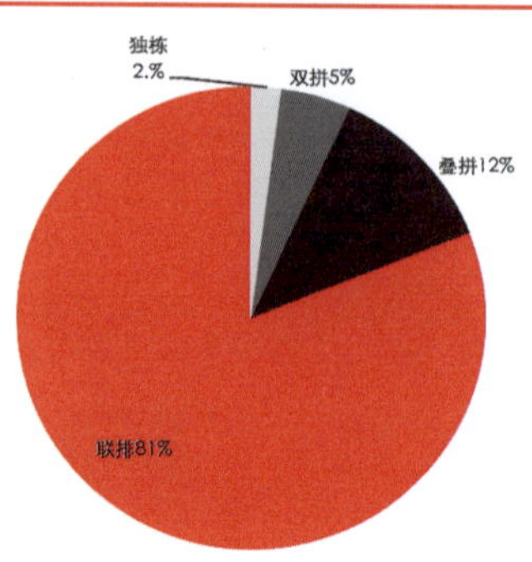

数据来源：重庆中原市场研究部

重庆市各类型别墅成交面积（2011 年 1 月—2012 年 6 月） 表 12-2

别墅类型	成交面积 （m^2）	
	主要区间	次要区间
独栋别墅	350~400	400 以上
双拼别墅	200~300	400 以上
联排别墅	170~200	200-250
叠拼别墅	170~200	130-150

数据来源：重庆中原市场研究部

图 12-5 重庆市历年别墅成交套均面积（2011 年 1 月—2012 年 6 月）

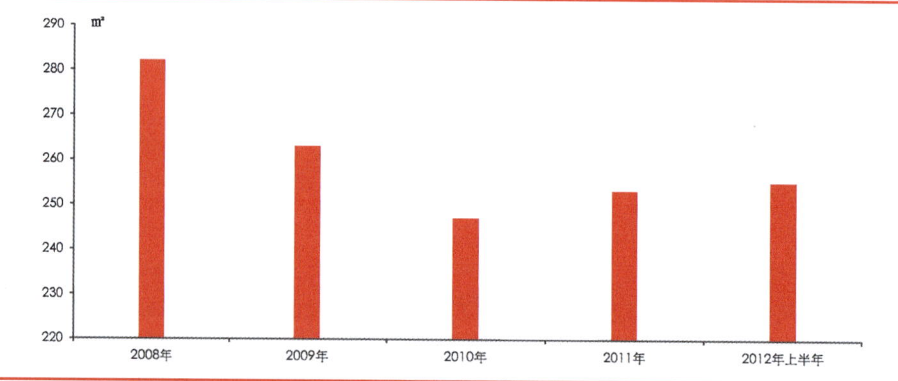

数据来源：重庆中原市场研究部

12.4 两江新区促新兴板块诞生

2010 年 6 月 18 日两江新区落户重庆北部区域，新区在城市发展空间上持续北移，形成了新的拓展区域和开发建设的重点板块，其中位于北碚区的蔡家作为未来的人口聚集区，成为房地产开发建设的新兴板块。由于该板块规划打造低密度高品质的居住环境，包括严格控制容积率、建筑高度、建筑风格、绿地景观等措施，这也为别墅产品落地生根提供了有利条件。

城市 Market
楼事 Story
数据 Data

图 12-6 重庆市蔡家组团位置示意图

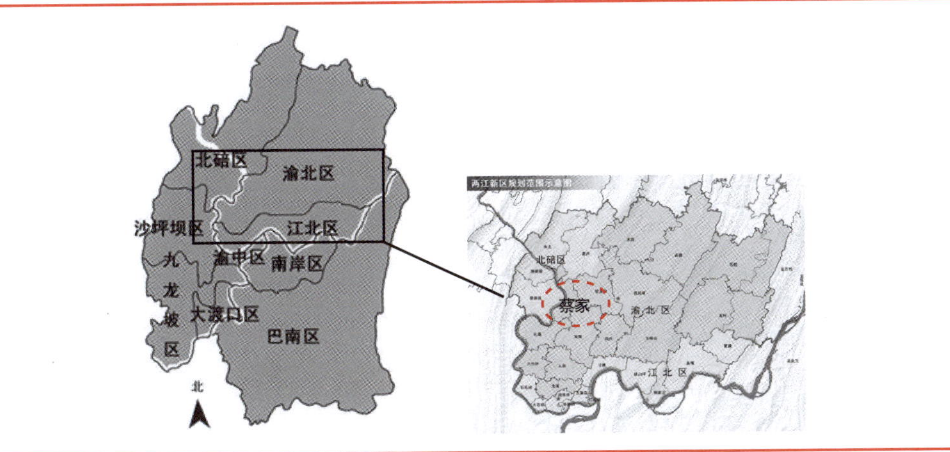

图 12-7 重庆市蔡家组团房地产开发用地成交情况（2010 年 1 月—2012 年 6 月）

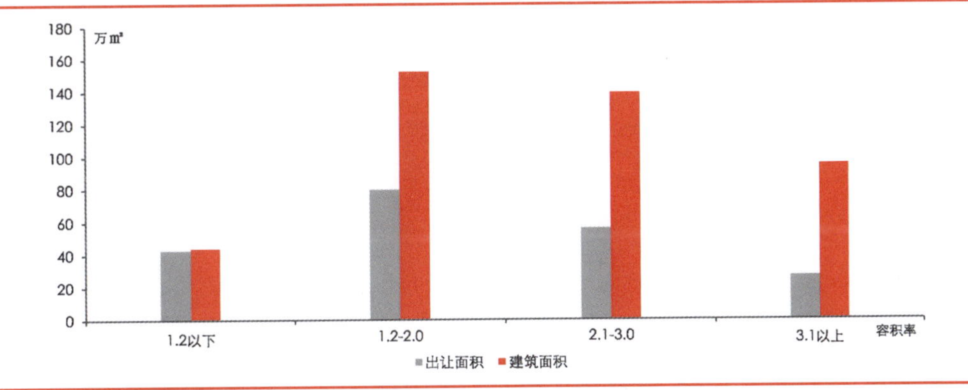

数据来源：重庆中原市场研究部

据中原监测数据显示，自 2010 年 1 月以来，蔡家组团土地市场十分活跃，尤其别墅产品较为集中，容积率在 2.0 以下的土地有 9 宗，占到出让总量的 52.94%，可见，蔡家板块将成为未来别墅供应的新兴板块。

蔡家组团在售别墅项目中安长岛自首次开盘以来，已经吸引众多高端客户购买，该项目拥有江、湖、温泉、高尔夫、山林等多重资源优势，推出了集独栋、类独栋、新东方合院等多种形态产品的别墅群，其高端产品，高居住品质的居住定位已经呈现。未来，随着更多的项目开始运作，蔡家组团必定会有更多的别墅产品出现，其区域价值将日益体现。

12.5 小结

重庆别墅产品的开发已经从早期的生搬硬套、简单复制发展到现今的量体裁衣、精耕细作，其开发水平逐渐提高，尤其在园林景观设计，建筑与自然资源互融等方面表现明显。与此同时，别墅产品的定价较为合理，价格涨幅亦远远低于同期商品房的平均上涨幅度，高品质低价格是目前重庆别墅市场的最好诠释。

正因如此，2011 年房地产市场持续低迷的大背景下，别墅产品却持续热销，表现坚挺的重要原因之一。而一些新兴板块的出现，为别墅产品的持续供应提供保障。但市场需求却与区域板块，产品品质，资源配套，销售价格等诸多因素相关，只有开发商仍然坚持对产品开发品质的不断完善，对不同产品与销售价格的合理匹配，并洞察市场适时调整推盘节奏，以达到供需平衡，这样才能促进重庆别墅市场持续向好，健康发展。

重庆市热销别墅个案解析

表 12-3

项目名称 龙湖紫云台	
区域板块	北碚新城
占地面积（万 m^2）	54
建筑面积（万 m^2）	63
容积率	1.16
物业形态	联排别墅、合院别墅、类独栋别墅、独栋别墅、洋房
主力户型	198~254m^2 联排别墅
自身配套	3000m^2 私家亲水会所、3 万 m^2 高端小镇风情商业、10 万 m^2 湖滨生活娱乐区、480 亩森林公园、登山步道、慢跑道、瑜伽场、晨练场、无边际泳池等
景观资源	享市政规划的缙云体育文化公园
热销原因	龙湖品牌吸引力，物业服务优势明显，低总价高品质产品，未来升值空间大，吸引龙湖老业主、版块内企业主及投资客购买

项目名称 香港置地约克郡	
区域板块	北部新区照母山
占地面积（万 m^2）	38
建筑面积（万 m^2）	88
容积率	2.3
物业形态	联排别墅、洋房、高层
主力户型	289~374m^2 联排别墅
自身配套	包括会所等 8 万 m^2 商业配套
景观资源	重光湖水库、照母山森林公园
热销原因	城市中心区，交通便利，享一湖一山城市稀缺资源，吸引追求高品质，生活便捷的城市高端人群购买

项目名称 龙湖紫云台		
区域板块	南岸南山	
占地面积（万 m^2）	63	
建筑面积（万 m^2）	115	
容积率	1.8	
物业形态	叠拼别墅、联排别墅（后期不详）	
主力户型	171~313m^2 叠拼别墅	
自身配套	35000m^2 商业街 ,9 洞迷你高尔夫球场主题公园	
景观资源	地处重庆南山之上，扼守南山肺叶，一棵树观景台、南山植物园、涂山寺、南山石刻、“龙洞”窟	
热销原因	地处重庆南山，拥有得天独厚的自然生态环境，并具有度假功能，吸引城市富足人群作为第二居所购买	

数据来源：重庆中原市场研究部

第 13 章
重庆新区开发
蔡家组团迎来新发展

重庆中原市场研究部　李娇

作为重庆主城“北上战略”的主要拓展区，随着“二环时代”、两江开发等重大机遇的到来，蔡家组团齐聚天时、地利、人和优势，实现由市（省）级开发区到纳入国家级发展战略开发区的升级转变，园区建设站到了新起点，一批中外 500 强企业竞相入驻，产业和城市开发呈现出跨越式发展态势，区域房地产市场将会因此迎来一轮新的发展契机。

13.1 区域概况及板块发展定位

13.1.1 区域概况

图 13-1 重庆市蔡家组团位置示意图

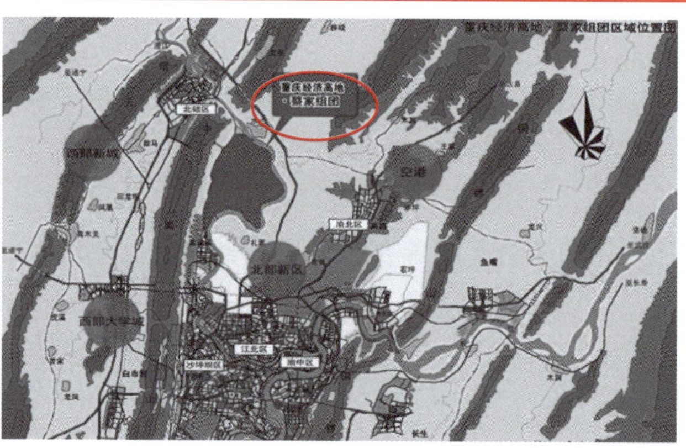

蔡家组团位于重庆市主城北部，东连两江新区悦来组团，南接两江新区，西承沙坪坝区，北靠北碚区，处于 4 区经济联动和功能衔接枢纽位置，其未来规划体现为蔡家组团行政区划主要涉及北碚区蔡家岗、施家梁镇，幅员面积 66km^2，规划建设面积 48km^2，规划人口 50 万人。

蔡家组团南、北、东三面呈半岛形状临嘉陵江，有 19km 嘉陵江水岸线，西靠中梁山脉，大约有 20km 长的绿色走廊，中部地势平坦、开阔，生态自然环境好，空气质量佳。

13.1.2 区域发展定位

根据两江新区“1 心 4 带”战略空间布局和“6+3”核心产业体系规划，蔡家组团与水土组团同处“生态低碳产业带”，集中发展高新技术、高端商务、高档次娱乐、高品质居住等“四高”特色产业，并依托市“十强园区”同兴工业园区，定位于蔡家高科技产业区，重点布局微电子和高品质生态商住区。

城市综合开发紧紧围绕 50 万高科技产业人才和高科技研发人才的居住、消费、文化、娱乐、康体养生等需求进行城市设计，使城市功能能够辐射渝北、西永、北部新区等周边。城市规划建设将严格控制容积率、建筑高度、建筑风格、绿地景观，重点打造临江 19km^2 区域。

13.1.3 区域交通现状

蔡家组团位于重庆的外环与内环之间，水、陆、空立体交通网络十分健全，拥有嘉陵江、两条轻轨（轻轨 6 号线、6 号支线，在建中）、3 条铁路（兰渝、遂渝、湘渝）和 4 条陆上干道（S110、中环快速、绕城高速、渝武高速），距离西永微电园 12km、江北国际机场 15 公 km、保税港区—寸滩港码头 18km、渝中半岛 20km，与重庆国际会展中心仅一江之隔。

目前，从主城到蔡家有 4 条路可以选择，分别是从沙区走 212 国道、从北碚经渝合高速、从北环经渝武高速、从金兴大道经嘉悦大桥，交通已较为便捷。

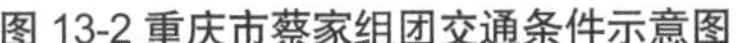

图 13-2 重庆市蔡家组团交通条件示意图

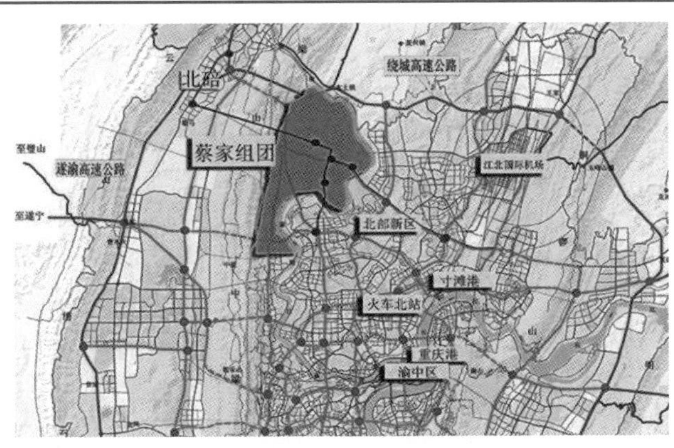

13.2 区域房地产市场

13.2.1 土地成交活跃 地价持续攀升

根据重庆市土地交易中心公示的数据显示，2009 年 1 月—2012 年 6 月蔡家组团共出让住宅用地 20 宗，出让面积 252.64 万 m^2，可建建筑面积为 509.98 万 m^2，总成交金额为 60.15 亿元。

重庆市北碚蔡家组团房地产开发用地交易情况（2009—2012 年上半年） 表 13-1

年份	出让宗数	出让面积（万 m^2）	可建筑面积（万 m^2）	成交金额（亿元）	平均地价（万元 / 亩）	平均楼面地价（元 /m^2）
2009	1	24.87	41.68	2.85	76	1147
2010	9	113.04	195.79	25.48	141	1183
2011	7	73.91	165.72	20.77	187	2810
2012 年上半年	3	40.82	106.79	11.05	181	2706
合计	20	252.64	509.98	60.15	158.72	1179

数据来源：重庆中原市场研究部

2010 年重庆两江新区正式挂牌成立，蔡家组团的土地市场也由于受新区成立的刺激而交易活跃。2010 年总计成交 9 块房地产开发用地，中庚地产、首创地产、保亿地产、和生裕地产均分别在蔡家组团拿地，其中首创地产分别两次拿地。2011 年持续发力，总计成交 7 块房地产开发用地，隆鑫地产、旭辉地产、名流置业纷纷参与，中庚地产再次拿地。金科地产也于 2012 年 4 月在蔡家组团取得土地储备。

在蔡家组团土地成交量活跃的基础上，地价水平整体也呈上涨趋势，且该区域的地价涨幅高于重庆主城地价水平的平均涨幅。从近 3 年来北碚蔡家组团地价走势来看，土地成交均价年均涨幅 55%，楼面地价年均涨幅 54%。两江新区规划对于北碚蔡家组团的定位，吸引众多开发企业关注并进驻该区域，也迅速拉动了该区域地价水平的上涨。

图 13-3 重庆市蔡家组团住宅土地成交量价情况（2009—2012 上半年）

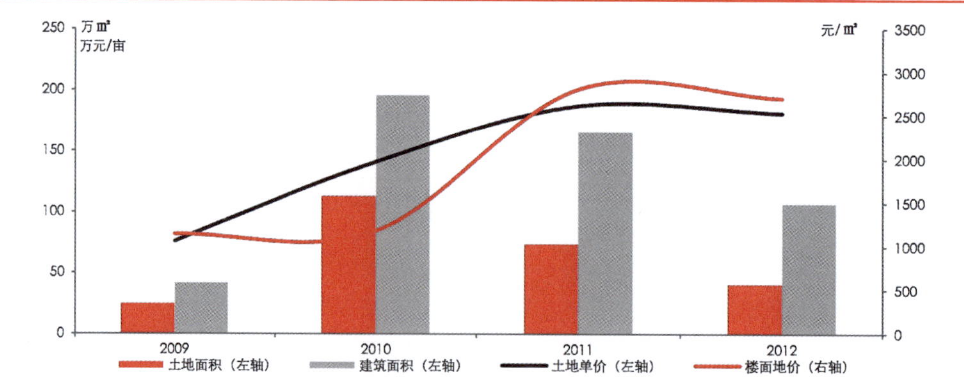

数据来源：重庆市土地交易中心

城市 Market
楼事 Story
数据 Data

13.2.2 供应充足 高端产品占主流

由于北碚蔡家组团的发展受益于 2010 年两江新区政策的拉动，该区域的房地产市场目前仍处于前期开发阶段，区域内的地产项目多处于前期施工阶段，而组团内在售的项目目前仅有 3 个，分别为中庚城、北城未来、保亿丽景紫园，3 个项目均为 2012 年推出面市。从供应户型的配比来看，目前在售的项目以 3 房、2 房产品为主，主要由于目前在售项目产品以高层为主，而随着区域内未来高端低密度产品的供应，户型配比方面，大户型产品的占比会有较大程度的提高。

重庆市蔡家组团在售项目概况　　表 13-2

项目名称	物业形态	占地面积（万 m^2）	建筑面积（万 m^2）	总套数（套）	面积区间
中庚城	高层、别墅	27.67	80.00	2000	高层：45~124
北城未来	高层	6.66	20.54	1400	41~147
保亿丽景紫园	花园洋房、小高层	15.2	30.00	2252	洋房：96~124

数据来源：重庆中原市场研究部

图 13-4 重庆市北碚蔡家组团在售项目供应户型配比

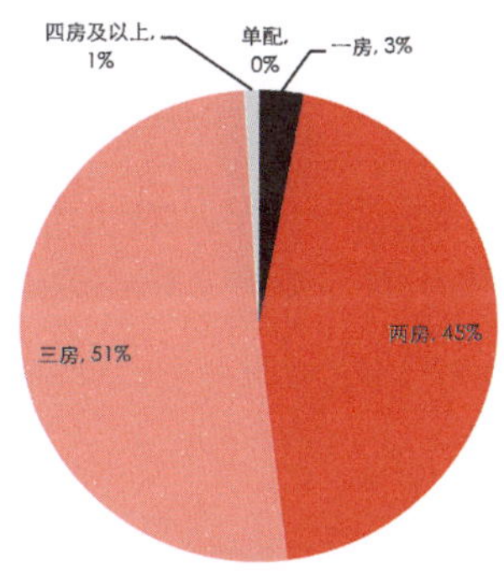

数据来源：重庆中原市场研究部

从组团内未来潜在供应项目来看，该蔡家组团未来将形成物业形态多元化发展的高端大型居住区域，其中首钢美丽花都、旭辉紫郡、东原创博及和生裕项目预计 2012 年下半年推出，首期均推出联排别墅或洋房高端产品。

重庆市北碚蔡家组团潜在项目列表 表 13-3

项目名称	体量	物业形态	容积率	首期入市产品	预计推出时间
首钢美利溪镇	—	—	—	—	—
首钢美利花都	1.8	别墅、洋房、高层	1.0-1.8	叠拼、联排	2012 年下半年
旭辉紫郡	29.0	洋房、高层	2.5	洋房	2012 年下半年
隆鑫锐智	35.0	—	2.0	—	—
东原创博	42.0	联排、洋房、高层	1.7	联排	2012 年下半年
和生裕	49.0	联排、洋房、高层	1.0-2.5	联排	2012 年下半年
金科项目	—	—	—	—	—
名流置业	31.0	—	1.8	—	—

数据来源：重庆中原市场研究部

13.2.3 预期看好 在售项目逆势热销

受益于两江新区的发展规划，蔡家组团已推出项目的销售情况整体良好，组团内 2012 年上半年供应面积 14.5 万 m^2，截止到 2012 年 6 月末整体去化率约 81%，套内面积销售价格区间在 6000~6400 元 /m^2 之间。

鉴于目前蔡家组团的交通、生活配套并不完善，区域内推出项目在各方面配套尚不成熟的基础上仍能达到良好的销售走势，表明购房者对于该区域未来的发展潜力持续看好。而随着组团内后续高端低密度项目的陆续面市，区域内在售产品的形态更加丰富，区域价格也将随着产品线的丰富而提升。

13.2.4 起步较晚 定位相对高端

根据主城区“二环时代”大型聚居区的规划，对以下外围组团的功能定位，均以满足市民居住、出行、就业、休闲、娱乐为宗旨。相比较其他组团，蔡家组团房地产市场还处于发展初期，目前仅有高层物业供应，但潜在项目均以高端物业形态为主。

重庆市在售项目统计（截止 2012 年 6 月底） 表 13-4

项目名称	物业形态	项目规模（万 m^2）	已推面积（万 m^2）	剩余面积（万 m^2）	首次开盘均价（元 /m^2）	6 月销售均价（元 /m^2）	去化率
北城未来	高层、别墅	80.0	4.0	76.0	5100（建面）	5200（建面）	90%
中庚城	高层	20.5	8.1	12.4	6500（套内）	6400（套内）	78%
保亿丽景紫园	花园洋房、小高层	30.0	2.3	27.7	6300（套内）	6000（套内）	74%
合计	—	131.5	14.4	116.1	—	—	—

数据来源：重庆中原市场研究部

重庆市各组团对比情况 表 13-5

组团名称	区域	面积	市场特点	在售价格（元 /m^2）	轨道交通	功能定位
蔡家组团	北碚区	38km^2	物业形态较为综合，以别墅洋房产品较为主；辐射区域：北碚区、北部新区	高层：6000~6400	6、13、16 号线	集科技研发、总部经济等高端城市功能于一体的滨江生态大型聚居区
西永组团	沙坪坝区	18km^2	涵盖多种物业形态，以别墅、洋房物业形态为主，云集品牌开发商，如：龙湖、金科；辐射区域：沙坪坝区	高层：6500 洋房：7000~8000 别墅：8000~9000	1、7、17 号线	以高科技信息、高端生产服务业为主的综合性城市副中心
龙洲湾组团	巴南区	24km^2	产品类型单一，以中低端高层住宅为主，区域辐射力度较小；辐射区域：巴南区	高层 :6000~8500 小高层 :7300	2、3 号线	主城区南部城市副中心
茶园组团	南岸区	24km^2	产品类型丰富，大中型项目居多；辐射区域：南岸区	高层 :6000~8000 洋房 :7000~8500 别墅 :8500~16000	6、8 号线	主城东部新城的配套服务及行政办公汇集的聚居区
华岩组团	九龙坡区	9km^2	大型居家社区高层住宅为主；辐射区域：九龙坡区	高层：5500~7600 洋房：5800~11000	5 号线	居住、商业金融、商务服务配套服务的复合型聚居区

数据来源：重庆中原市场研究部

13.3 未来发展前景

联动会展城，国际博览中心 2012 年 10 月开张。作为两江新区的重大项目，位于悦来的重庆国际博览中心将在 2012 年 10 月迎来首个展会。届时，蔡家组团将通过已建成的嘉悦大桥和规划建设中的嘉悦二桥，直接连通重庆国际博览中心。重庆国际博览中心将充分发挥产业集聚、拉动和辐射效应，为蔡家组团的发展注入动力。

道路网形成，与主城核心区距离拉近。目前，蔡家组团“四横六纵一环线”的路网建设正在如火如荼地推进，随着蔡北干道中梁山隧道、嘉悦二桥、水土大桥、童家溪大桥等一大批道路桥梁的连接，将真正拉近与主城核心区的时空和心理距离。轨道交通 6 号线一期 2012 年底将实现通车，二期 2013 年底建成。届时，蔡家组团就会完全融入主城核心区域。

蔡家组团一面环水、三面靠山的自然地理环境，使其成为两江新区唯一规划布局的“高品质生态型商住区”，特别是沿江 17km^2 一带，总体容积率不到 1，必然会成为重庆别墅、洋房等高端物业最集中的区域，区域房地产价值进一步提升，成为主城区房地产开发的重点区域之一。

自纳入两江新区规划以来，蔡家组团依托四联集团，打造光机电仪一体化产业基地；依托力帆集团、卡斯马等国内外 500 强企业，打造汽车零部件研发生产基地，不断推动园区产业升级，而麦格纳卡斯马、考泰斯、蒂森克虏伯等世界 500 强企业相继签约入驻，使得蔡家组团成为品牌聚集的产业高地，区域未来的经济发展持续向好。

北碚区蔡家组团是重庆市规划建设的 11 个外围组团之一，加之借力“两江效应”和“二环时代”的机遇，其城市开发的进程全面提速。目前，蔡家组团已初显峥嵘，随着区域内基础设施配套的逐步完善、交通环境的提升、产业经济的向好发展，区域内的房地产市场开发也将迎来新一轮的高潮，成为重庆“北上战略”的一颗璀璨的明珠。

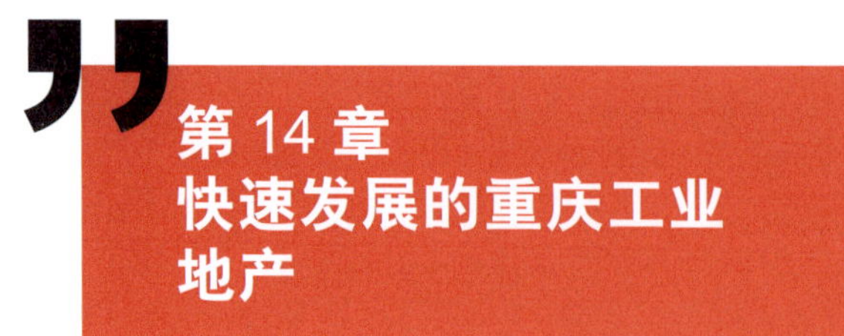

第 14 章 快速发展的重庆工业地产

重庆中原市场研究部　李杨

2012 年，重庆直辖 15 周年，城市建设日新月异，城市经济高速发展，产业结构全面转型升级，如今重庆的工业已由传统制造业向现代主导产业发展，形成电子信息、汽车装备制造和传统优势工业 3 大板块齐头并进的发展态势。

近几年，中央政府大力支持，在重庆相继设立了首个内陆保税港区“两路寸滩保税港区”、全国规划面积最大的内陆综合保税区“西永综合保税区”以及全国第 3 个国家级开发开放的重点新区“两江新区”，并批准重庆为全国唯一省级“统筹城乡综合配套改革试验区”，多重政策利好吸引着众多国内外知名企业相继落户，随之重庆工业用地需求日益大增，工业地产即将步入黄金发展时期。

14.1 工业地产与传统住宅及商业地产的区别

工业地产是指工业类土地使用性质的所有毛地、熟地以及该类土地上的建筑物和附属物。作为有别于住宅、商服和综合类用地以外的第 4 种性质的用地，工业类土地上可建的建筑物包括工业制造厂房、物流仓库和工业研发楼宇等。

14.1.1 限制条件及使用成本

工业地产与住宅地产相比，工业地产使用成本更高，且存在不能落户，购买群体及支付方式等诸多限制条件。由于工业地产客户主要都是企业法人，所以不能办理户口、水电气收费标准要高于住宅地产，客户资金门槛相对较高。

工业地产和住宅的区别对比　表 14-1

	工业地产	住宅地产
产权年限	50 年	70 年
目标群体	企业（不能以个人名义购买）	个人
户口	不能落户	可以办理户口
付款方式	一次性付款	一次性付款、分期付款
水电气收费	电费 0.765 元 / 度，天然气 1.46 元 / m^3，自来水 4.55 元 /m^3	电费 0.510 元 / 度，天然气 1.4 元 /m^3，自来水 3.5 元 /m^3

数据来源：重庆中原市场研究部

14.1.2 交易税费

在交易环节，工业地产的税费更高，开发商需额外缴纳土地增值税和印花税。以下为工业地产和普通住宅的税收情况对比。

工业地产和普通住宅交易税费对比　　表 14-2

税种	普通住宅	工业地产交易税费
契税	首套房房合同价 1%，否则合同价 3%	合同价 3%
印花税	5 元 / 单	合同价 0.05%
营业税	不足 5 年的，销售收入差额 5.5%；超过 5 年的免征	销售收入 5%
所得税	如卖方为企业，按销售收入计入当年企业所得税计征 如卖方为个人，个人所得税：销售收入 1%	如卖方为企业，按销售收入当年企业所得税计征 如卖方为个人,收入减除税费和合理费用(如装修费用，房贷利息等），按 20% 计征
增值税	无	按增值额实行四级超率累进税率

数据来源：重庆中原市场研究部

14.1.3 开发难度

从项目开发的角度，工业地产因无法办理预售增大了销售难度，同时对开发商资本、融资能力有更高的要求。

住宅地产的销售方式多样，可以办理预售，销售现房和期房，因此住宅地产开发商可以多种渠道筹措资金，其自由资本金占项目开发总成本的比重较低。而工业地产只能销售现房，和住宅开发商相比，工业地产的开发商，无法通过预售这一手段来提前回收资金，故而对开发商本身的资金要求较高，如果项目销售周期延长，则会使得项目的风险进一步加大。

14.2 重庆主要的工业地产分布

经过多年的发展，重庆工业由传统制造业向现代主导产业全面转型升级。目前，除部分重工业、污染类企业搬至区县外，工业核心发展区仍在主城及城市近郊。重庆主城区工业聚集地主要分布在南岸区茶园新区、北部的两江新区、西区的西永、高新电子产业及九龙坡产业园区。

图 14-1 重庆主城区工业用地分布

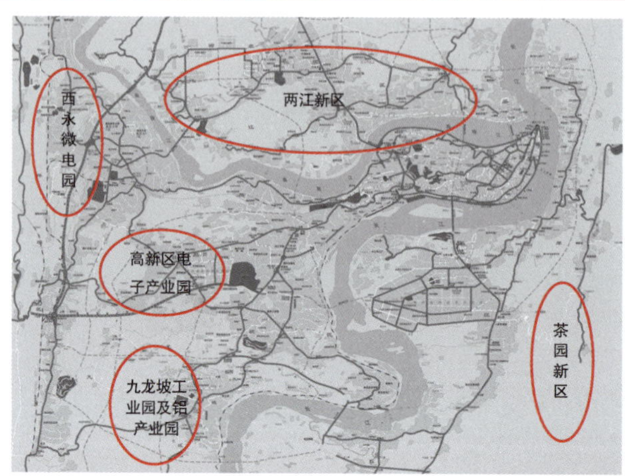

14.3 重庆市工业地产产品特征及功能分类

4.3.1 开发模式

重庆工业地产开发模式主要有 4 种，即工业园区开发模式、主体企业引导模式、工业地产商模式和私人业主开发模式。目前，私人业主开发仍占了很大一部分比例，但是随着工业地产政策的逐步完善，这类开发模式会逐渐减少，再加上私人业主开发的厂房在其设计和配套设施等方面都没有竞争力，市场也会逐渐将其淘汰。

重庆主城区工业地产主要开发模式特征　　表 14-3

开发模式	特征
工业园区开发模式	它是目前中国各级地方政府最常使用的工业地产开发模式，同样也是我国目前工业地产市场的主要载体
主体企业引导模式	在某个产业领域具有强大的综合实力的企业，为实现企业自身更好的发展与获取更大的利益价值，通过获取大量的工业土地，营建一个相对独立的工业园区；在自身企业入驻且占主导的前提下，借助企业在产业中的强大的凝聚力与号召力，通过土地出让、项目租售等方式引进其他同类企业的聚集，实现整个产业链的打造及完善
工业地产商模式	房地产投资开发企业在工业园区内或其他地方获取工业土地项目，在进行项目的道路、绿化等基础设施建设乃至厂房、仓库、研发等房产项目的营建，然后以租赁、转让或合资、合作经营的方式进行项目相关设施的经营、管理，最后获取合理的地产开发利润
私人业主开发模式	房地产投资开发企业在工业园区内或其他地方获取工业土地项目，在进行项目的道路、绿化等基础设施建设乃至厂房、仓库、研发等房产项目的营建，然后以租赁、转让或合资、合作经营的方式进行项目相关设施的经营、管理，最后获取合理的地产开发利润

资料来源：重庆中原

重庆主城区工业地产主要开发模式代表　　表 14-4

开发模式	特征	企业典型类型
工业园区开发模式	两路工业园、九龙工业园区、重庆模具产业园、重庆五金国际机电城、西永微电子工业园区等	内、外资工业制造类企业
主体企业引导模式	嘉陵厂、长安厂等	大型生产性工业企业及配套企业
工业地产商模式	海王星、上丁企业公园、山顶总部基地、康田国际企业港等	科技、研发类企业

资料来源：重庆中原

14.3.2 功能分类

工业地产已不仅是印象中传统的工业厂房，它可以打造出多种多样的业态组合，功能空间日趋复合化。结合重庆工业地产市场特征，重庆工业地产基本涵盖了以生产、办公、商业、居住、休闲旅游、教育培训 6 种类型功能。

工业地产主要功能类别　　表 14-5

功能类型	代表类型
生产功能	工业厂房、物流仓储
办公功能	高密度写字楼、低密度生态总部基地
商业功能	配套商业、专业市场
居住功能	员工公寓、独栋别墅
休闲旅游功能	主题公园、体验展览中心、创意地产
教育培训功能	家属学校、专职学校、拓展基地

资料来源：重庆中原

14.3.3 主要开发模式的典型案例

1. 园区开发模式

■ 重庆西永微电子产业园区

于 2005 年 8 月成立，是重庆市为优化和提升全市产业结构、发展高新技术产业而规划建设的 IT 产业园区，是“十一五”期间发展电子信息产业的主要基地，也是中西部地区首家通过国家发改委审核的微电子产业专业园区。2010 年 2 月经国务院批准在西永园区设立“重庆西永综合保税区”。

园区位于重庆主城西郊的西永组团，总规划面积约 37km^2，毗邻重庆大学城和重庆铁路物流园。园区产业区约 30km^2，由“一区五园”组成，即西永综合保税区、软件及服务外包产业园、集成电路产业园、基础电子产业园、创新创业产业园和企业服务园。园区累计引进项目 97 个，惠普、富士康、广达、英业达、微软、IBM、NTT DATA、AP、辛克、凸版、兵装集团摩托车事业总部、渝德科技、北大方正、中科院软件所、科博达、挪威 RPR、NIIT 等国内外知名企业落户园区。

图 14-2 重庆市西永微电子产业园区图

■ 重庆空港工业园区

是市政府首批批准设立的市级特色工业园区，园区于 2002 年 1 月正式动工建设，2009 年，国家商务部把园区确定为加工贸易梯度转移重点承接地。2010 年，园区综合实力跃居全市 10 强特色工业园区第 1 名。

园区总体规划面积 54km^2，以汽车制造业，通信设备、计算机及其他电子设备制造业，电线电缆、光缆及电工器材制造业和金属加工机械制造业为主导产业，现已引进各类企业 200 余家。截至目前，园区已累计引进美国科勒、德国博世、日本本田、台湾长荣（中国）等世界 500 强和长安、银翔、浙江万向、鸽牌电线电缆、深圳桃源居等各类项目 264 个。

图 14-3 重庆空港工业园区图

■ 重庆空港工业园区

是市级特色工业园区，园区以服装和物流为主导产业，大力发展电子、餐饮、出口加工等产业，现已引进企业 200 余家。重庆服装城作为重庆服装产业基地，分设服装加工、市场交易、研发会展及相关配套区域，现已成功引进朝天门服装企业协会、重庆服装服饰协会、广东重庆商会、香港皇洋（成盛）有限公司等服装企业 150 余家。物流中心凭借独有的区位优势，现已有重庆商社集团、重庆国盛、澳大利亚托尔集团等物流项目落户园区，具备了市场、三方物流、仓储、配送等多种物流业态。同时，金山科技、深渝电子、金兰电子等高科技企业也先后入驻园区。

图 14-4 重庆市两路工业园区图

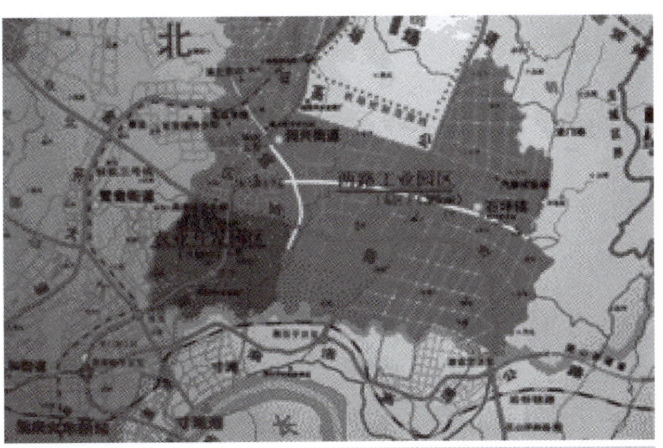

2. 地产商模式

■ 重庆高科集团有限公司

是经重庆市人民政府批准组建的直属北部新区管委会管理的国有独资企业，成立于 1997 年，主营业务为开发建设、资产经营和投资运营，陆续出资兴建了 200 多万 m^2 的产业楼宇、标准厂房和 20 万 m^2 的商业物业，成功打造了西部首个生态商务区（EBD），为大批企业提供了良好的科研、生产、办公场地。建设项目有：山顶总部基地、总部广场、两江星界、重庆涉外商务区、两江幸福广场等。

■ 重庆渝高新兴科技发展有限公司

成立于 2001 年 4 月，2008 年重庆“三区合一”后成为重庆北部新区管委会的国有全资公司，承担北部新区水、电、气、讯等公共配套设施建设任务，同时为服务于北部新区的招商引资需要，还承担了园区内的楼宇、厂房、配套住宅的建设。建设项目有：星系列商务楼宇、北部新区软件园、星光大厦、渝兴广场等。

图 14-5 重庆市山顶总部基地图

■ 地产商开发的典型商务功能项目案例——“星系列”科技楼宇

由重庆渝高新兴科技发展有限公司打造，位于北部新区高新园，以七大星系列命名的百万 m^2 组团式产业商务楼宇，集研发、生产、孵化、展示为一体，是重庆 EBD 产业经济核心。项目紧邻百林公园、照母山植物园、渝高体育场，每栋大厦内除写字楼、生产车间外，还设有银行、餐饮等配套设施。现代规划和建筑理念，优越的办公环境，吸引了国内外大批知名企业入驻。现在“星系列”楼宇，由于大量企业入驻，已经基本饱和。

图 14-6 重庆市“星系列”科技楼宇图

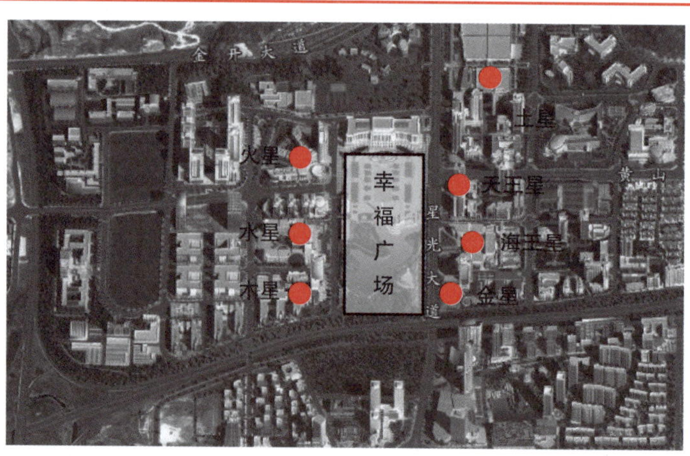

14.4 工业地产土地市场表现

2007 年，胡锦涛总书记为重庆作出了“314”总体部署，重庆工业经济由此开启了新的发展。2007 年开始重庆工业土地供需迅猛增加，2007—2011 年，5 年间重庆主城区共成交工业用地 2506 万 m^2，特别是 2008 年重庆成立“统筹城乡综合配套改革试验区”之后，工业土地更加活跃，2009—2011 年，工业土地每年成交 500 万 m^2 以上， 2011 年工业土地成交更是高达 1114 万 m^2，占全年土地总量 56%，首次超过房地产相关用地土地需求。

随着工业土地市场的活跃，工业土地价格也随之上涨，2007 年工业土地均价约 30 万元 / 亩，2011 年土地均价已达到 54 万元 / 亩，增幅达 80%。

图 14-7 重庆市历年工业用地占城市用地比例（2007—2011 年）

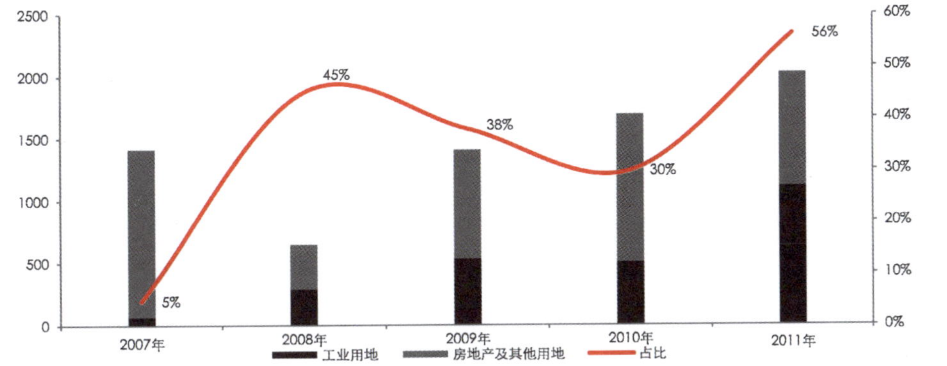

2500
2000
1500
1000
500
0
60%
50%
40%
30%
20%
10%
0%
5%
45%
38%
30%
56%
2007年
2008年
2009年
2010年
2011年
工业用地
房地产及其他用地
占比

数据来源：重庆中原

图 14-8 重庆市历年工业用地成交价格对比（2007—2011 年）

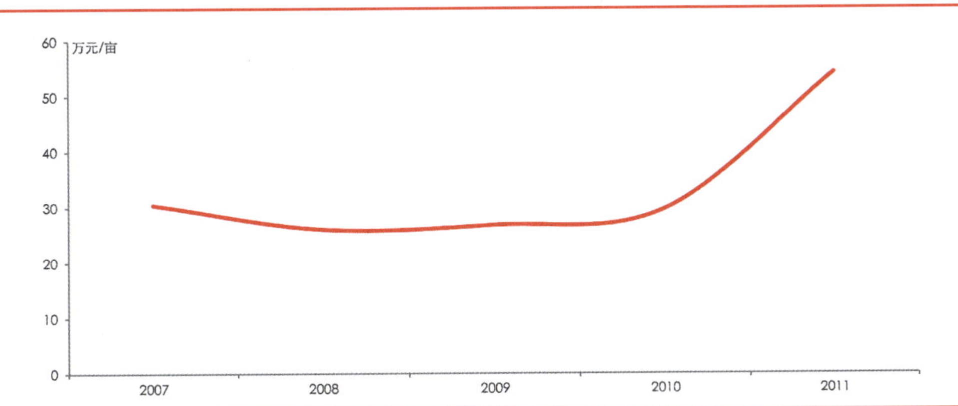

数据来源：重庆中原

14.5 工业地产发展趋势和方向

14.5.1 工业经济地位

重庆市统计局发布数据显示，2011 年，重庆全市工业总产值再创新高，达到 13921.84 亿元，同时，规模以上工业总产值突破万亿大关，达 12038.52 亿元，环比增长 28.2%，规模以上工业增加值增长 22.7%，高出全国平均水平 8.8 个百分点，增速排名稳居全国第一。数据还显示，2011 年，全口径工业实现增加值 4690.46 亿元，占地区 GDP 的比重为 46.9%，工业对地区 GDP 增长的贡献率为 63.3%，拉动经济增长 10.4 个百分点。截止 2011 年，重庆规模以上工业企业数量达 4793 家 ，销售产值过亿的企业数达 1737 家，过 100 亿的企业有 13 家企业。近几年，重庆工业经济发展成效显著，经济的高速增长必将带来大量工业需求，进而推动工业地产迈向更高层次。

14.5.2 工业地产发展机会

作为内地重要的工业城市，重庆近年在承接产业转移和自身产业优化升级的驱动下，工业用房需求进一步增长，工业地产呈现极强的发展势头。

重庆市都市楼宇工业‘十二五’发展规划中提出，到 2015 年，我市都市工业园数量将从目前的 94 个增至 150 个，总建筑面积由现在的 740 万 m^2 变成 2000 万 m^2，在目前的基础上实现翻番。2010 年 6 月 18 日，重庆两江新区正式挂牌成立，根据规划，未来 10 年两江新区工业地产的需求将超过 1.85 亿 m^2，这意味着这 10 年内重庆每年平均厂房需求面积为近 2000 万 m^2，而重庆目前每年成交各类土地总量也只有 2000 万 m^2 左右。因此，巨大的工业用地需求，是重庆工业地产发展有力的基础。

图 14-9 重庆市历年工业增加值及其增长速度（2007—2011 年）

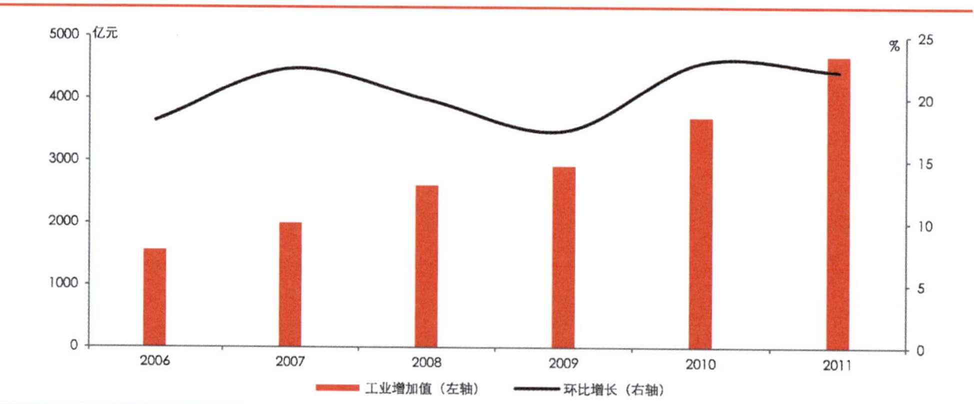

数数据来源：重庆统计信息网

另一方面，近年国家对住宅市场控制货币流动性，不断提高银行准备金率，运用财政、税收和金融手段调节市场需求，加快保障性住房建设改变供求关系等等，一系列的政策调控对房地产市场发展产生了一定的影响。并且，目前工业土地价格通常仅为住宅 1/5，不足商业 1/10，工业地产政策及价值洼地效应则进一步凸显，工业地产势必将成为房地产市场新热点。

14.5.3 城市发展方向

根据近 5 年重庆主城区工业用地成交情况来看，北区（北部新区、渝北区、江北区和北碚区）和西区（沙坪坝区、九龙坡区、高新区和大渡口区）仍是重庆未来工业发展的主要板块，南区（南岸区和巴南区）由于地理环境受限，不适宜大力发展工业，5 年工业用地成交量不足总量 5%。

北区在两江新区成立的利好环境下，5 年期间共成交工业用地 1748 万 m^2，占了总量 7 成比例。根据规划，到 2020 年，两江新区经济总量将超过 6000 亿，对全市经济的贡献超过 1/4，工业产值将超过 1 万亿，相当于 10 年再造一个重庆。根据中央战略部署，两江新区既要着眼于建设内陆开放经济和现代产业体系，又要建设成为内陆重要的先进制造业基地和现代服务业基地；既是统筹城乡综合配套改革试验的先行区，又是长江上游金融中心和创新中心、内陆开放的重要门户、科学发展的示范窗口，因此中央给予它的政策优惠也是最高的。而重庆市政府则表示，2020 年前，将 60% 的工业用地、40% 的商住用地、60% 的公共用地都集中用于两江新区，这足见重庆对两江新区的重视与期待。

西区工业发展起步较早，目前也日趋成熟，自惠普、富士康投产，英业达、广达进驻，宏基开始生产笔记本电脑，众多的配套厂商进入，对工业用地需求巨大，在近 5 年的时间西区共成交工业用地约 650 万 m^2，占了总量 26% 比例，因此，西区的工业地产仍将持续活跃，成为重庆工业区聚集的第 2 大板块。

图 14-10 重庆市各区域工业用地成交情况（2007—2011 年）

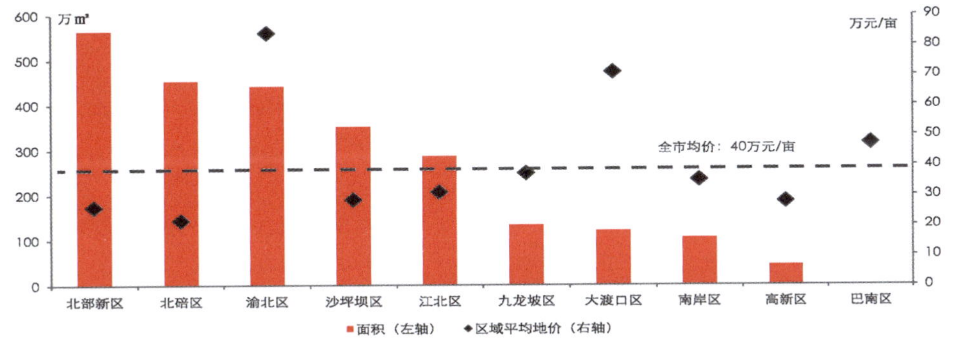

数据来源：重庆中原

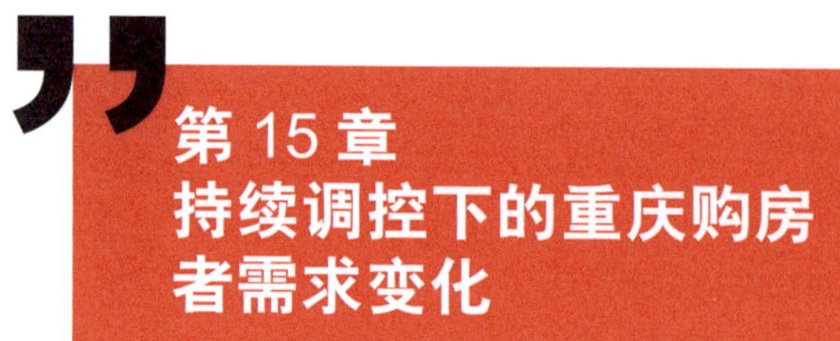

第 15 章 持续调控下的重庆购房者需求变化

重庆中原市场研究部　杨嵬

最近数年，政府对于房地产市场的调控从未中断，时抑时扬，市场在调控之下也呈现出阶段性的特征。然而就政策而言，重庆的调控政策在遵循中央调控的基本思路下也有其独特性。重庆购房者在这几轮宏观调控下购房心理产生了怎样的变化？各项调控政策又对重庆消费者产生了多大的影响？对未来的楼市调控趋势消费者又有怎么的预计？重庆中原通过近几来年对重庆消费者购房需求的调查研究，将为你揭示持续调控下的重庆购房者需求变化。

数据说明：本文数据均来自重庆中原市场研究部对重庆消费者购房需求的调查研究数据。调查信息是采取问卷访问方式获取。调查时间为重庆每年的春季房交会（4 月或 5 月）和秋季房交会（10 月或 11 月）。调查对象房交会现场随机抽取的计划两年内要完成本次购房行为的消费者。每次调查样本量为 400 份左右。

15.1 严厉调控政策下购房意愿低

消费者的本次计划购房时间能反映其购房意愿的强弱。每次房交会接受访问调查的消费者均是计划在两年内完成购房计划的消费者，但从消费者调查的结果来看，近两年因调控政策对购房消费的抑制不断增加，重庆消费者的购房意愿有明显的下降。

从 2007—2009 年政府对楼市的调控以扶持和鼓励为主，消费者的购房意愿也相对较强，这期间受访者计划在半年之内完成此次购房的人数占总调查人数的从 33% 增至 44%。

到 2010 年开始房地产调控政策转为抑制，从 2010 年 1 月开始的“国八条”要求提高二套房首付比例至 4 成以上开始，不断被提高的首付比例和银行利率使消费者的购房意愿被主动或被动地推迟，观望的消费者增加。在 2010 年春交会上表示将在半年内完成购房的消费者比例降到 31% 之后，这一比例就一直低于 30%，到 2012 年 4 月的春季房交会上，仅 25% 的重庆消费者计划在半年内购房，有 43% 的消费者计划在 1~2 年内购房，可见目前重庆消费者的观望情绪较浓。

图 15-1 重庆市消费者购房意愿分布（2007—2012 年）

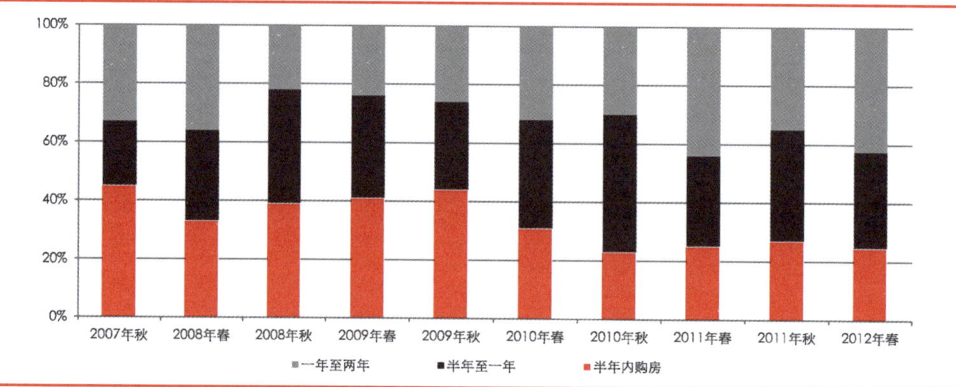

数据来源：重庆中原

15.2 投资意愿下降至最低点

重庆作为一个内地二线城市，商品房投资率是相对较低的。重庆消费者的购房投资意愿与整体购房意愿的变动同步，只是受政策影响更大，波动更为明显。受信贷影响，近期的投资意愿更已降至历史最低点。

当消费者被问及本次购房的首要目的时，明确表示以投资为目的的重庆消费者比例近年来平均低于10%，属于较低的水平。从变化上看，近几年投资意愿还在不断地下降：购房投资的比例从 2006 年春交会的历史最高比例 16% 跌至 2010 年秋季房交会的 6%，再跌至 2012 年春交会 4% 的历史最低点。

图 15-2 重庆市消费者购房投资比例（2006—2012 年）

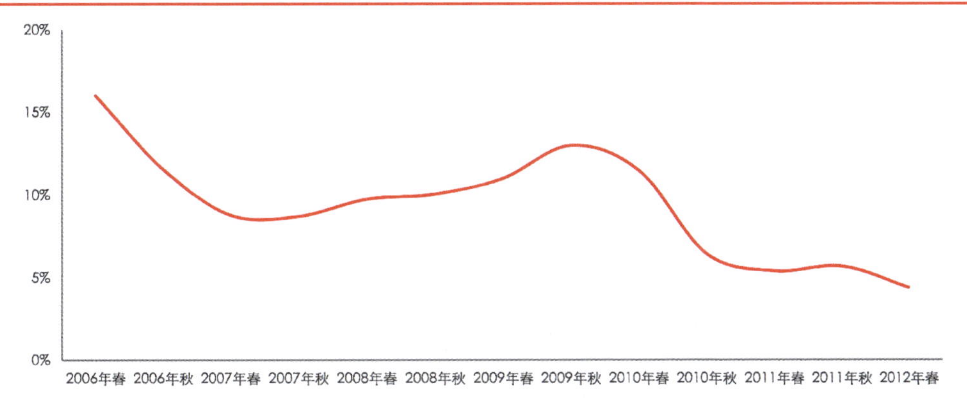

数据来源：重庆中原

15.3 房贷类政策最受关注

目前全国仍有多个城市执行限购政策，但重庆却是一直未出台限购政策的城市，调控对重庆消费者购房需求的抑制主要是通过提高首付比例和利率水平来实施。从 2010 年春季房交会开始的调查数据就显示，重庆消费者最为关心的调控政策一直是与贷款购房相关。

从 2010 年春季房交会开始的近 5 次房交会调查来看，重庆消费者提及数最高的政策是购房首付比例，且 5 届房交会调查中的 4 届提及数均为第 1 位，提及数居第 2 位的是与加息和房贷利率折扣相关政策。

包括房产税在内的购房税费政策是重庆消费者关注度仅次于购房贷款相关政策，但提及数却远低于房贷相关政策。

重庆消费者对保障性住房、二手房转让相关和限购政策的关注程度相对较低。这与重庆保障性住房覆盖人群少、二手房交易不活跃和重庆未实施限购政策相关。

图 15-3 重庆市消费者关注政策总提及数（2010—2012 年）

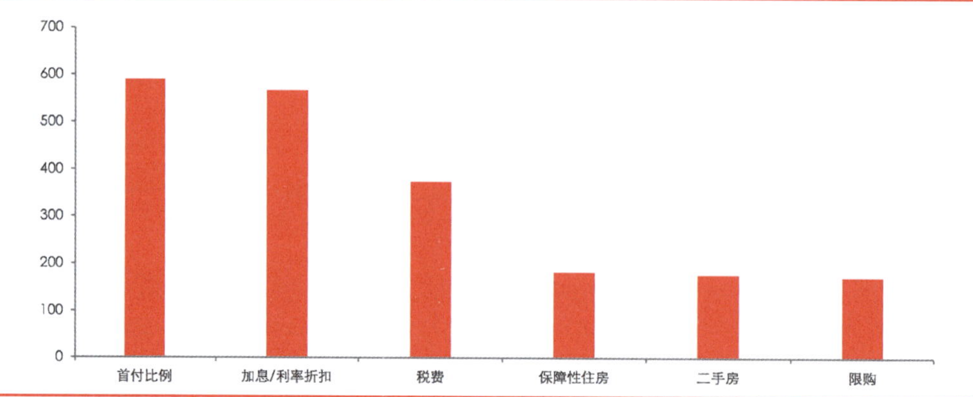

数据来源：重庆中原

15.4 贷款购房为主流　一次性付款比例下调

重庆消费者最为关心的政策是房贷相关政策，这与重庆消费者房款的支付最主要形式是以贷款为主相关，一次性付款的消费者比例越来越低。2012 年春季房交会调查显示，选择一次性付款的消费者仅占总调查人数的 11%，而 5 年前的 2007 年春季房交会调查选择一次性付款的人数比例高达 25%。因此，“首付比例”这一政策会成为重庆消费者最为关心的政策。

从贷款的方式来看，商业贷款是消费者主要选择贷款方式，但公积金贷款越来越受欢迎。2012 年春季房交会重庆消费者就有 48% 选择商业贷款，12% 选择公积金贷款，选择公积金和商业贷款的组合贷款方式的比例也达到 13%。

图 15-4 重庆市春交会消费者计划房款支付方式（2012 年）

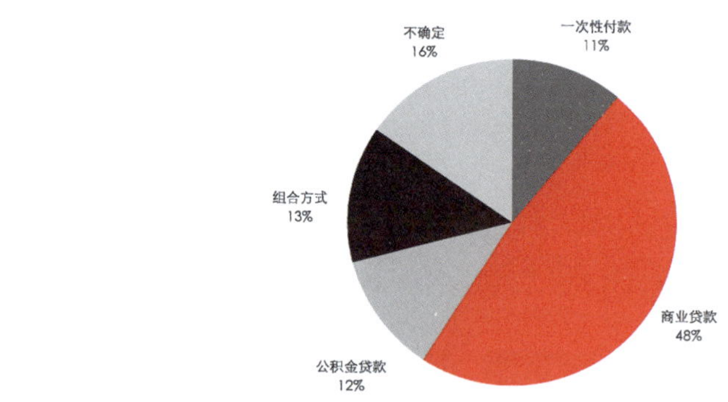

数据来源：重庆中原

城市 Market
楼事 Story
数据 Data

15.5 重庆征收物业税影响逐减

重庆物业税是 2011 年 1 月出台，从 2011 年 10 月 1 日起执行。到目前为止全国征收物业税的城市仅有重庆和上海。重庆出台征收物业税消息 3 个月后的 2011 年春交会上，有高达 42.1% 的消费者觉得重庆征收物业税对自己的购房行为有影响。2011 年 10 月 1 日重庆物业税正式开始征收不满 1 个月的 2011 年秋交会上，认为重庆征收物业税对自己的购房行为有影响的消费者仅占 23.7%，比 6 个月前的春交会下降了 18%。到 2012 年春交会则只有 15.7% 的受访者认为重庆的物业税对自己的购房行为有影响。

可见物业税对重庆消费者的影响程度在不断下降，也可以理解为，只针对少数高档物业的重庆物业税开始被消费者过高估计，出台后对市场的实际影响并不显著。

15.6 消费者对政策走向预判断不确定性增加

每一次房交会需求调查我们会让关注调控政策的消费者对未来一年宏观调控政策的力度和走向作一个判断。在 2012 年前消费者对政策走向的判断相对稳定，而在 2012 年消费者对政策走向判断开始发生较大变化。

从 2010 年秋季房交会到 2011 年秋季房交会，每届房交会的调查数据均有超过 4 成的消费者预期政策将维持现有的力度，判断未来政策会放松或更加严厉的消费者比例相对较低，但一直较为稳定。

重庆消费者对政策预期发生较大变化在 2012 年，2012 年春季房交会上有预期调控政策将会放松或更加严厉的消费者分别占总人数的 23% 和 46%，这两个比例都是都几次房交会比例最高的，可见消费者对政策的预期更加极端化；预期政策将会维持现有力度的受访者仅占 31%，首次低于预期更为严厉的人数比例，近期消费者对政策的预期是偏严厉的。

图 15-5 重庆市消费者对未来政策预期（2010—2012 年）

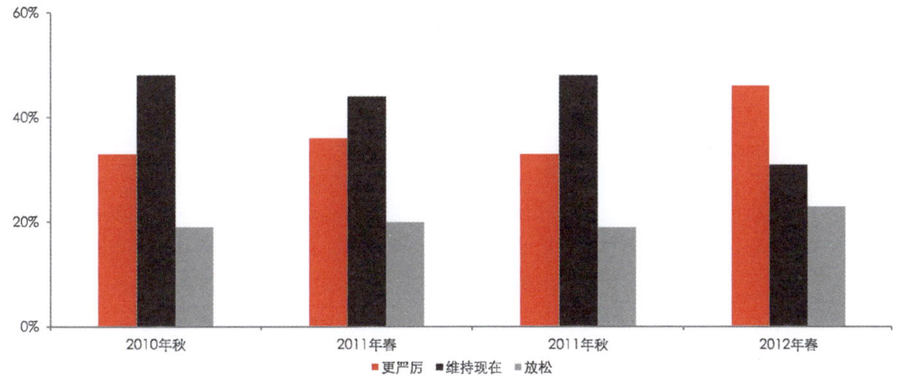

60%
40%
20%
0%
2010年秋
2011年春
2011年秋
2012年春
■更严厉 ■维持现在 ■放松

数据来源：重庆中原

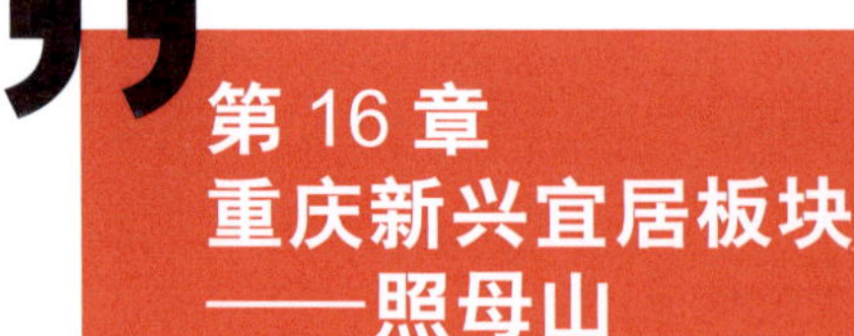

第 16 章 重庆新兴宜居板块——照母山

重庆中原市场研究部　万露

16.1 板块概况

照母山位于重庆市北部新区的中线上，像一条龙脊，将新区分成两部分。照母山地处北部新区中央商务核心区与都市功能产业带的复合地带，属两江新区核心地带。居新牌坊商圈、礼嘉商务中心、蔡家高新技术产业区、悦来会展中心、紧邻高新园高端产业集群，拥有大量的产业支撑。2010 年，重庆市在此山上建成第 3 大人工植物园——照母山植物园。照母山板块拥有近 5000 亩广阔的自然资源与成熟的交通网络，具备枢纽区位、自然资源、交通格局、土地储备等优势。加上板块毗邻新牌坊及人和，周边分布着龙湖、金科多个成熟社区项目，社区商业配套环境和交通环境成熟，区域将向大社区方向发展。颇具担当发展新重心大任的实力。

照母山板块的发展得益于礼嘉、人和，以及照母山南部的大体量的办公区域的成熟，附近拥有较高品质的居住用地又鲜有开发，且 5 年前的金开大道就是重庆高尚生活片区的典范，同样拥有相同自然环境的照母山便成为了众多开发商的理想开发用地。

16.1.1 交通条件

照母山板块位于两江新区几何中心。金山大道、金州大道等“七金路网”，联合轻轨（规划中）、立交、隧道等构成立体交通网，使其正处枢纽核心地，轻松直达周边各大商圈。以观音桥商圈为起点，延伸至悦来会展中心区、蔡家高新技术产业区、礼嘉商务中心的金山大道发展轴线日渐突显。照母山雄踞“红锦大道—金山大道”发展轴线上的核心位置，成为下一个 10 年重庆发展的崛起点。但是目前该板块处于开发初期，公共交通等配套相对还不完善。

16.1.2 人居环境

已经成形的北部新区斥 9.6 亿巨资打造近 6000 亩照母山森林公园，与正在规划、建设中的林地公园、颐和公园，还有已投入使用的两江幸福广场，将组成庞大的城市生态群，让照母山晋升为真正的“绿色生态住区”。根据重庆市国土房管局公布的照母山区域地块成交数据显示，在所有成交的地块中，没有一块容积率大于 2.5，部分地块规划容积率甚至小于 2.0。作为城市区域最重要的溢价指标之一，便是该区域是否拥有具有城市代表力的顶级物业之作。照母山板块稀缺的城市自然资源正是为提升区域价值的高端物业提供了最优的建设平台。这意味着未来的照母山板块，将成为新的洋房聚集地。

16.2 房地产市场发展现状

16.2.1 市场供应分析

目前，照母山板块已聚集了包括万科的 3 个楼盘、象屿两江公元、棕榈泉、约克郡、华宇上院等在内的一批高品质楼盘。由于坐拥照母山，这些楼盘大都以绿色生态住区为最大卖点，低容积率各物业形态丰富。

照母山板块共推出项目 10 个，总占地约 3480 亩，项目总体量共 460 万 m^2；项目住宅总套数约 15350 套。其中在售项目 8 个，体量 367.4 万 m^2，占 80%。照母山房地产开发呈现大品牌、大规模、低容积率的特征。目前已面市的 8 个项目，总规模高达近 370 万。

图 16-1 重庆市照母山板块示意图

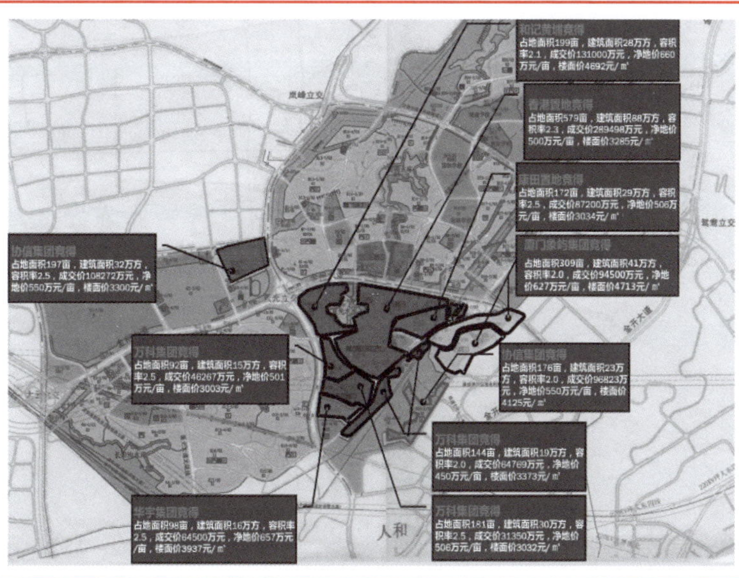

资料来源：重庆中原市场研究部

图 16-2 重庆市照母山板块项目规模及容积率

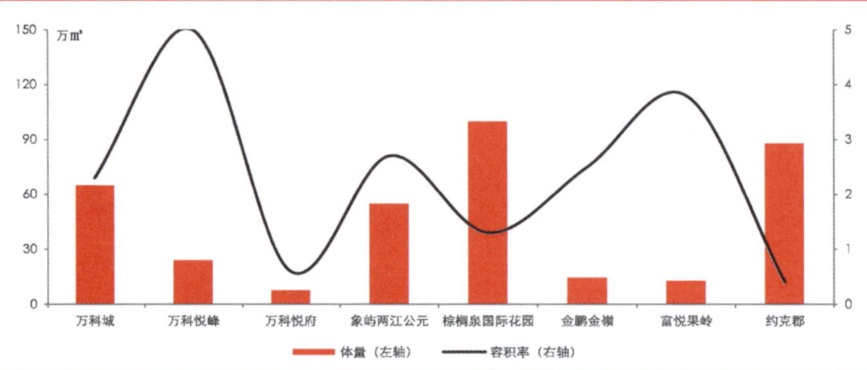

数据来源：重庆中原

重庆市照母山板块在售项目情况（2012 年 6 月） 表 16-1

项目名称	物业形态	占地面积（万 m^2）	建筑面积（万 m^2）
万科城	高层 / 洋房 / 别墅	27.8	65.0
万科悦峰	高层 / 超高层	4.8	24.0
万科悦府	别墅	13.8	7.8
象屿两江公元	别墅 / 高层	20.6	55.0
棕榈泉国际花园	洋房 / 小高层 / 别墅	80.0	100.0
金鹏金	小高层 / 高层 / 洋房	5.0	14.6
富悦果岭	高层	3.4	13.0
约克郡	高层 / 洋房 / 别墅	38.6	88.0

资料来源：重庆中原

由上表可见，照母山板块目前的 8 个在售楼盘，总体量约 367.4 万 m^2。其中，已上市量约 74.9 万 m^2，占 20%，潜在供应量约 292.5 万 m^2，占 80%。因照母山板块为新兴区块，除富悦果岭全部推出外，其余楼盘都为近两年开发且大都体量较大，所以开发以及推售周期需要较长时间。

图 16-3 重庆市照母山板块项目已上市量、潜在供应情况（2012 年 6 月）

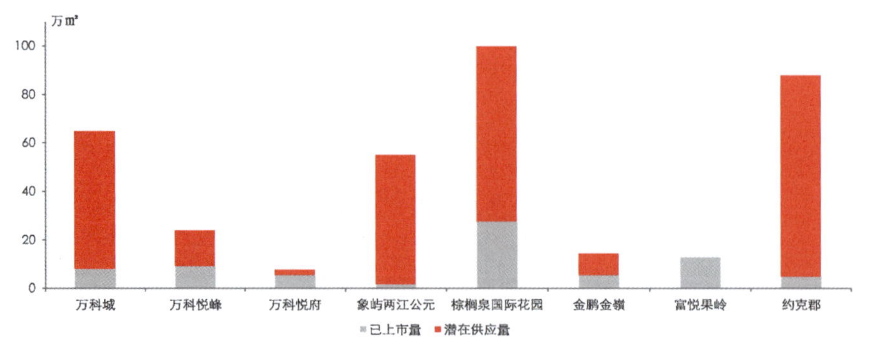

数据来源：重庆中原

城市 Market
楼事 Story
数据 Data

16.2.2 产品形态供应情况

目前照母山板块已供应项目主要以高层为主，总建筑面积为 49.7 万 m^2，高层项目个数为 5 个。其次是别墅项目，总建筑面积 13.79 万 m^2，项目个数为 3 个。区块依靠良好的自然环境再加上平均容积率较低，物业形态应该是修建近山临湖的别墅生活区、花园洋房或者洋房、别墅搭配精品高层住宅。所以随着开发商的逐渐开发，板块物业形态会逐渐多元化。

图 16-4 重庆市照母山板块各类物业的已供应规模（2012 年 6 月）

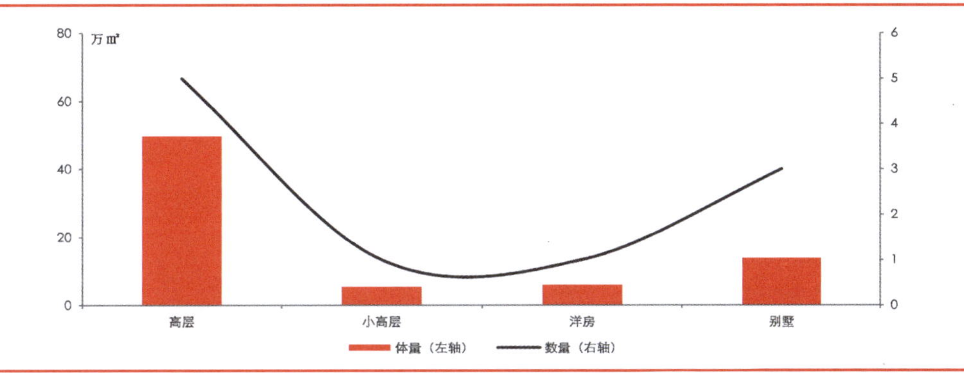

数据来源：重庆中原

16.2.3 户型分析

图 16-5 重庆市照母山板块在售的项目已供应房源户型配比（2012 年 6 月）

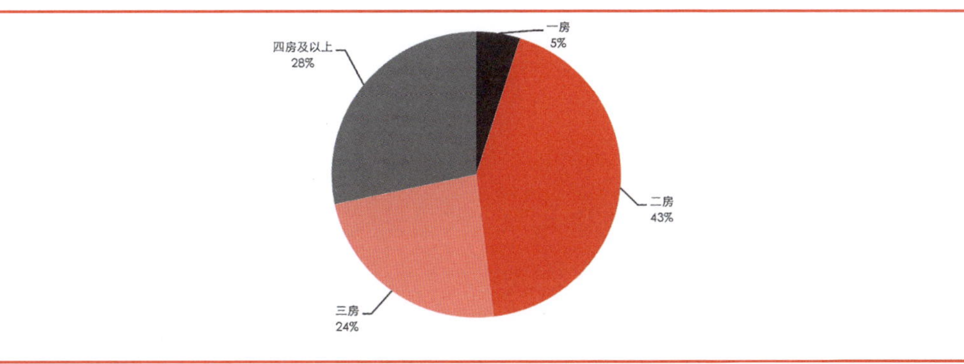

数据来源：重庆中原

照母山板块目前住宅供应上主要是以二房和四房及以上户型为主，这两种房型占了市场供应的 71% 左右。 因为此板块较为远离城市中心、生活配套尚不完善、投资回报时间较长等因素让该板块暂时未能吸引投资客的关注，所以以家庭为单位的自住需求的两房及因此地生活环境而改善生活型四房及更大户型成为了该板块市场的主流供需产品；此外，该区的四房产品主要是来自约克郡、棕榈泉国际花园、万科悦府，属于较高品质的楼盘。

16.2.4 价格分析

图 16-6 重庆市照母山板块价格区间（2012 年 6 月）

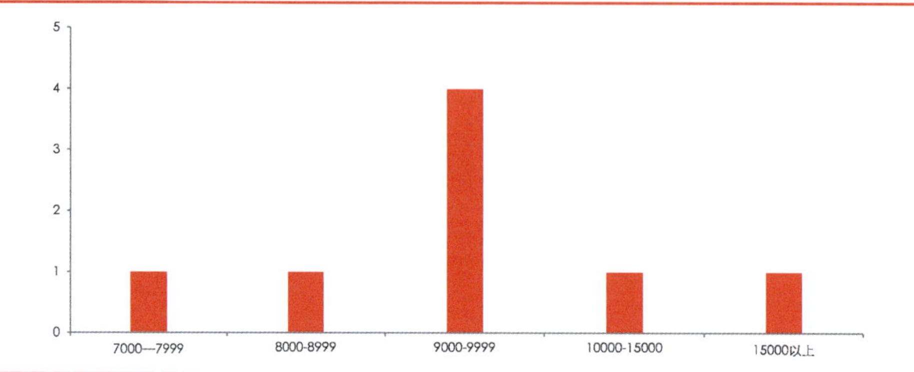

数据来源：重庆中原

该区域成交主力单价在 9000~9999 元之间，主要是该板块高层项目，该价位楼盘的总体量约 202 万 m^2，占到该区域在售总体量的 55%，在目前在售项目中占据主流位置。价格在 10000 元 /m^2 以上的项目有 2 个，为纯别墅的项目万科悦府和高端项目约克郡，平均价位分别是 25000 元 /m^2、15000 元 /m^2。

16.2.5 销售状况

重庆市照母山板块项目销售情况（2012 年 6 月）　　表 16-2

项目名称	已供应量（万 m^2）	已销售量（万 m^2）	入市时间
万科城	8.0	4.4	2011-12-16
万科悦峰	9.1	4.7	2011-05-26
万科悦府	5.4	4.8	2010-12-11
象屿两江公元	1.6	0.9	2012-06-02
棕榈泉国际花园	27.6	16.4	2007-11-11
金鹏金	5.4	1.6	2011-06-11
富悦果岭	13.0	12.0	2008-06-07
约克郡	4.8	4.4	2011-12-25

资料来源：重庆中原

图 16-7 重庆市照母山板块项目销售比较（2012 年 6 月）

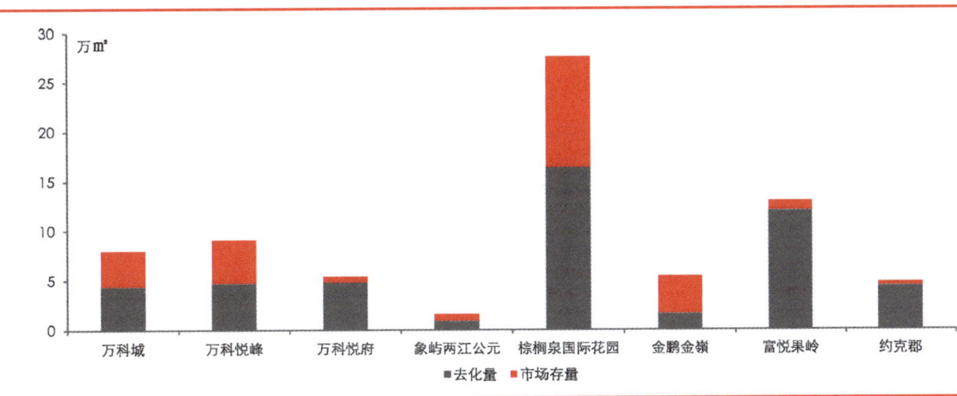

数据来源：重庆中原

彩云湖板块目前的 8 个在售项目，从开盘销售至今总计推出约 74.9 万 m^2，目前已销售约 49.2 万 m^2，剩余 25.7 万 m^2，整体销售率 66%。

万科悦府、象屿两江公元、约克郡市场存量都不足 1 万 m^2，推出的体量分别为 5.4 万、1.6 万、4.8 万 m^2，销售剩余体量分别为 0.6 万、0.7 万、0.4 万 m^2。

棕榈泉国际花园由于属于中高档楼盘，价格较一般楼盘偏高，再加上推售体量较大，市场存量较大。但目前也达到了整体 60% 的销售。

16.2.6 客户分析

重庆市照母山板块客户分析 表 16-3

客户来源	客户需求	客户购买力
各个区域都有，但是渝北区、江北区和渝中区是重点来访区域，其中渝北区大约占了 40%，江北区约占 20%，渝中区约占 12%	占一半的客户都是第二次置业，其次是首次置业，首次置业客户比例随着户型趋小在逐渐增多；可以看出客户购房的主要目的是进行居住品质提高的换房	从客户的年龄来看，目前客户的年龄主要集中在 30~45 岁之间；从客户职业来看，个体户和私人业主所占的比列最高，其次是企业高层等

资料来源：重庆中原

16.3 照母山板块与其他新兴板块的异同

照母山板块是一个在两江新区人和，礼嘉，中心办公区的宜居生活版块。跟其他的组团如蔡家、茶园、大学城相比，该板块有很多的不同。

蔡家、茶园、大学城都是按照城市的规模来整体进行打造的，除了居住功能，这些组团都拥有鲜明的定位。之所以按照城市的概念来打造是为了将产业和居住融合在一起，以避免老城一些问题，如在上下班时间人口在办公区和居住区的钟摆式流动，这样可以节约诸多成本。

蔡家是以现代化高新制造业为主的城市组团，入住的企业超过 200 家，定位鲜明，沿江的宜居版块项目较为集中，版块的几何中心规划为中心商业区，可以形成这一板块的商业中心。另外，教育医疗，轨道交通都配置完备，是重庆嘉陵江上游的新新城市组团。

大学城是以教育为主的城市版块，规划有 15 所高等学校，现已经有 14 个高校已经进驻，另外还有以文化产业为主的创新性企业，如动漫产业园等等。大学城在轨道交通，医疗等方面也配置完备，是重庆城市副中心之一。

茶园是以现代化制造业、贸易，以及相关产业为基调打造的组图。现在已经落成投产的工业园就有茶园工业园、长江工业园，等等。交通方面有轨道交通、隧道，克服了南山山脉的阻隔，为交通通达性提供了便利条件。该组团也是城市副中心级的板块。

照母山板块的居住条件是这几个板块里面最为突出的，没有产业项目意味着污染更少。由于较高的居住品质，该板块的高品质项目也是集中的出现。

虽然有这样一些不同之处，相同之处也有一些。比如大型开发商云集，竞争激烈度较高，产品线都比较完备，用地条件较为理想等等。

16.4 组团未来发展情况

16.4.1 发展中存在的问题

目前照母山地区交通并不便利，相应的商业配套也较不完善，多自然风貌缺少人文景致。板块内的商业成长历程较短，目前集中的大型综合商业和分散的社区商业均不发达，学校、医院、生活服务等配套设备也相应落后。整体生活配套的不足制约了区域住宅市场发展。短期来看，不论是人气、商业、交通配套还是教育、工作都有点滞后。

16.4.2 未来发展趋势

- 知名开发商入驻 提升区域品质

随着万科、香港置地、象屿等知名开发商的高档物业的开发，照母山板块已逐渐成为热区板块。

- 板块规模扩充，新兴城区成型

随着周边土地的开发，政府规划的持续跟进，照母山板块居住区在不断扩充，面积和规模在不断扩大。以观音桥商圈为起点，延伸至悦来会展中心区、蔡家高新技术产业区、礼嘉商务中心的金山大道发展轴线日渐突显。“一路向北”是两江当下的发展足迹所向，也是未来的发展趋势所向。

- 持续的开发热潮 使竞争激烈

从去年 12 月多宗住宅用地拍卖成交的盛况看，区域的争夺已经进入白热化。随着周边土地的开发，政府规划的持续跟进，照母山板块居住区在不断扩充，面积和规模在不断扩大。随着交通、商业等配套设施的逐渐完善，将会看到照母山板块的人口快速聚集，形成一个大型综合居住新兴城区。

第 17 章
办公物业新模式 ——重庆总部基地浅析

重庆中原市场研究部　王继

随着产业结构不断优化升级，带来了一系列生产关系的调整，传统的商务需求已经不能满足一部分企业办公需要，一种新型办公物业模式孕育而生——总部基地。众多总部基地项目聚集，逐渐形成高端、高效、高辐射力的产业集群，它将成为城市经济发展重要增长极，作为一种新型经济形态，对城市经济健康发展至关重要。本文从重庆总部基地基本情况介绍、特征分析、发展趋势等方面进行了分析介绍，帮助读者直观形象了解重庆总部基地特征、对经济贡献度，以及重庆总部基地发展现状、未来的发展潜力等。

17.1 总部基地简述

总部基地以智能化、低密度、生态型的总部楼群，形成集办公、科研、中试、产业与一体的企业总部聚集地，是总部经济理论的一种实践。物业形态主要表现为商务花园、中央商务区。其中，商务花园形态的总部基地成为目前发展主流。

中国总部基地发展始于 2003 年的北京，2005 年中国第一个总部基地面市，目前，北京、广州、上海、深圳等大型城市总部基地建设正迅速发展。

在总部基地的开发建设方面，首先要考虑区位、交通、政策、产业关联度等 4 个方面的因素。从产品形态来看，国内的总部基地主要以独栋、双拼、联排别墅写字楼为主，辅助以小高层、高层、SOHO 公寓形式的写字楼。

总部基地开发建设的考虑因素　　表 17-1

因素	说明
交通	方便、快捷，满足企业办公对交通的需求
区位	城市中具有独特优势的区域
政策	政府在减免税收、财政补贴上的优惠，加强区域基础设施建设力度
产业关联度	要求与区域产业定位相符合

资料来源：重庆中原

17.2 重庆总部基地基本情况介绍

17.2.1 重庆总部基地分布特点

目前重庆总部基地处于起步阶段，建设规模大，速度快，其项目主要集中于北部、南部城郊交通便捷之处，多与区域产业定位一致。但由于目前总部基地发展水平较低，对区域经济的拉动作用还不明显，但随着未来总部基地的建设发展，这一局面会得到根本性的改变。

图 17-1 重庆市总部基地项目分布图

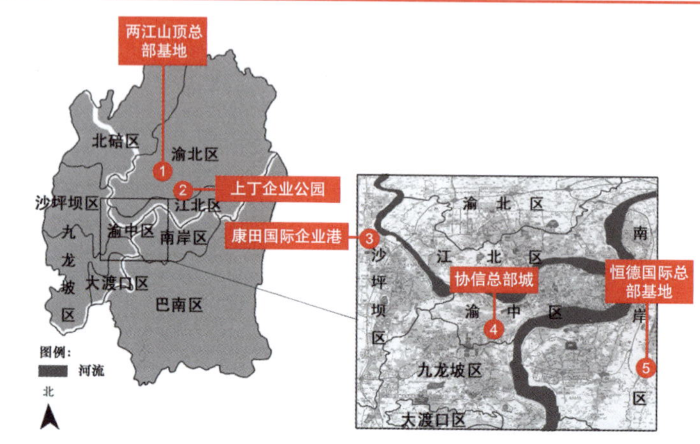

17.2.2 重庆总部基地产品特点

当前的重庆新兴总部基地项目总体量大，容积率低，建筑形态多以独栋、联排、双拼别墅写字楼为主，价格基本在 13000~20000 元 / m^2，低于同期 CBD 写字楼价格。配套有大型商业街、会所、公寓来满足员工生活需求，但缺乏特色商业配套。从去化速度上看，独栋写字楼因其面积区间较大，总价高，整体去化速度偏慢，其客户主要来自于大型国有企业、上市公司等，一部分户型面积较小写字楼受到了中小企业追捧，去化速度快。

重庆市总部基地产品核心要素明细表

表 17-2

指标 / 项目名称	区域	体量（万 m^2）	容积率	产品形态	配套
上丁企业公园	北部新区高新园	15	1.5	36 栋独栋写字楼、1 栋 SOHO 公寓、1 栋 LOFT 写字楼	商务公寓、星级酒店、自带部分商业
两江山顶总部基地	北部新区高新园	41	1.2	39 栋独栋，2 栋公寓、1 栋 5A 写字楼、1 栋星级酒店	自身商业体量小，主要依靠周边商业配套
协信总部基地	渝中大坪	20	1.8	48 栋独栋写字楼、5A 写字楼、创意 LOFT 写字楼	五星级酒店、商务公寓、购物中心、商街
恒德总部基地	南岸菜园	130	1.3	48 栋独栋写字楼、5A 写字楼、创意 LOFT 写字楼	五星级酒店、商务会展中心、都市公寓、休闲商街、康体娱乐、购物中心
康田国际企业港	沙坪坝大学城	9	2.6	9 栋独栋写字楼、2 栋高层写字楼	自身商业体量小，主要依靠周边商业配套

数据来源：重庆中原市场研究部

17.3 重庆总部基地特征分析

17.3.1 产品自身打造

总部基地产品打造可分为建筑、园林 2 个方面。目前，重庆新建设总部基地产品多以 Art Deco 建筑风格出现，外立面采用现代简约风格，一部分独栋式写字楼还设有空中院馆、休闲空间、绿色走廊等，使生态与建筑达到完美融合，在绿化率、建筑密度上都明显优于 CBD 写字楼。

17.3.2 区域选址

重庆总部基地在选址上遵循区位、交通、产业、政策最优原则。从区域上看，项目选择城市副中心，未来发展潜力较大的区域，其土地成本相对较低，便于打造低密度、高绿化的总部基地项目。交通方面，项目虽处于城市外围，但与城市中心区域交通便捷、道路体系发达，完全能满足企业办公、生活需求。产业、政策方面，重庆总部基地产业类型多以制造加工、高新技术、金融业为主，项目与各自区域产业定位基本相符。政府完善项目周边市政配套、给予入驻企业税收方面的优惠，鼓励、刺激了一部分企业入驻。

17.3.3 入住客户

重庆总部基地项目中，上丁企业公园已全面投入使用，其客户主要来自于 IT、电子为主高新技术企业，其余未投入使用项目客户群体也主要定位于电子、IT、金融等高新技术产业。由此我们不难看出：重庆总部基地客户主要来自于高新技术企业，因受到原材料供应、产品制造、科技型员工对办工环境的追求等因素影响，使得总部基地成为了高新技术企业总部的首选。

重庆市总部基地项目开发条件明细表　　表 17-2

项目名称	交通	区域	产业	政策
协信总部基地	位于渝中大坪商圈，以高九路为主交通轴线，借助渝州路、长江路、轻轨 2 号线、嘉华大桥、石门大桥形成多维立体交通网络，10 分钟抵达主场 5 大商圈	城市中心区域，商业配套优势更加明显	创新金融、电子信息企业为主导、高端商务物流、创意设计企业为重点发展	大坪商圈的普通优惠政策，还设有“一企一策”优惠研究平台
两江山顶总部基地	位于北部新区高新园板块，以内环高速、黄山大道、余松路为主干道，交通通达主城各区	两江新区中心区域，未来发展潜力无限	新兴高新技术产业	高新园板块的普通优惠政策及“一企一议”政策，无系列配套服务
上丁企业公园	位于北部新区高新园，周边城市干道纵横，交通发达，到市中心和机场都只要 15 分钟车程	两江新区中心区域，未来发展潜力无限	以 IT、电子科技为主的高新技术企业	高新园板块的普通优惠政策
恒德总部基地	位于南岸区茶园新区，以内环高速、外环高速为主交通轴线，通过慈母山、南山和真武山隧道，仅需 10~15 分钟便可通达主城各区	茶园城市副中心，板块未来发展潜力无限	以装备、电子制造为主体中小型企业	南岸区政府的普通优惠政策
康田国际企业港	位于沙坪坝西永商圈，以渝遂高速为主交通轴线，借助西永大道、学成大道，交通方便快捷	西永城市副中心，板块未来发展潜力无限	电子制造业为主体的企业	西永微电园普通优惠政策

数据来源：重庆中原市场研究部

17.3.4 商业配套

总部基地项目配套包括生活配套、办公配套，高端项目还配有五星级酒店、大型娱乐会所、商业街、培训中心等，就重庆而言，目前总部基地配套设施参差不齐。 具体项目上看，重庆最早的总部基地项目——上丁企业公园由于其开发时间早，对商业配套设施规划不足，使得项目过分依赖周边商业配套，整体档次不高。目前，恒德、协信总部基地项目代表重庆总部基地最高水平，商业体量大，商服业态多样，完全能够满足企业的商务、生活需求，还能辐射周边其他项目。

17.3.5 开发模式

由于开发主体的不同，总部基地开发模式一般分为地产商独立开发，政府独立开发，地产商、开发商成立投资公司联合开发3种模式。重庆总部基地开发模式主要还是以政府独立开发为主，如：两江山顶总部基地、上丁企业公园、康田国际企业港。由渝中区政府与协信集团联合打造重庆总部城项目，开启了渝中政企联合的先河。恒德总部基地则是由开发商独立开发、销售、招商，政府在土地、税收方面给予一定优惠。从重庆总部基地开发模式我们不难看出：无论那一种开发模式政府都参与其中，在总部基地项目开发中扮演着重要作用。

17.4 重庆总部基地发展前景预估

17.4.1 总部基地的优势特征

目前，重庆处于总部基地发展的初级阶段，在商业配套、交通通达性上与发达城市总部基地还存在一定差距，业态类型也比较单一，项目未能给入驻企业和员工提供具有可持续竞争力的平台，还未能形成规模化总部经济，对经济发展贡献有限。但近几年随着重庆经济发展，产业机构不断优化升级所引起生产关系调整，加之两江新区一系列优惠政策刺激，使得传统商务需求已经不能满足一部分企业办公需要，催生了重庆总部基地产生和发展，在与 CBD 对比中，也以其独特优势，获得了越来越多企业认可，未来发展潜力无限。

重庆市总部基地与传统商业区对比明细表

表 17-4

指标	总部基地	解放碑 CBD	观音桥 CBD
市场售价（元 /m^2）	8000~16000	20000~23000	15000~20000
市场租金（元 /m^2）	60~90	90~170	60~100
容积率	1~3	12~35	10~20
办公舒适度	非常舒适	舒适	较舒适
商业配套	自身配套有五星级酒店、商务会展中心、都市公寓、休闲商街、康体娱乐、购物中心等	自身配套较小，主要依赖于商圈周边商业配套	自身配套较小，主要依赖于商圈周边商业配套
交通条件	与城市中心区域有大型主干道相连，交通方便快捷	主城 CBD 区域，人流聚集量大，交通拥堵	主城商圈区域，人流聚集量较大，交通较为拥堵
物业形态	独栋、双拼、联排别墅写字楼为主，辅助以小高层、高层、SOHO 公寓形式的写字楼	高端城市综合体	中高端城市综合体
目标客户	对办公环境、公司企业形象，有较高要求公司	需要以商圈为依托金融、服务型企业	需要以商圈为依托服务、制造型企业
入驻企业行业	智力密集型企业为主、如：电子科技、医药、研发等	以服务性、零售性企业为主，如：银行、咨询、广告、投资、建筑与房产开发商、工程建筑设计、装备制造等	以服务性、制造企业为主，如：房地产开发、建筑施工、装饰设计等
代表性项目	上丁企业公园、协信总部城、恒德国际总部基地	英利国际金融中心、威斯汀酒店、重宾保利国际广场	未来国际、协信中心、融恒时代广场

数据来源：重庆中原市场研究部

城市 Market

楼事 Story

数据 Data

17.4.2“两江新区”产业规划利好总部基地

如果一个地区、城市有众多总部基地项目聚集，逐渐形成高端、高效、高辐射力的产业集群，它将成为城市经济发展主要增长极，加速产业结构优化。作为一种新型经济形态，它透过税收贡献效应以企业所得税和个人所得税等税种为所在地区带来丰厚的税收回报；透过产业乘数效应扩大所在区域的经济总量，提升第三产业发展水平；透过消费带动作用，刺激需求；透过劳动就业效应，不仅增加就业机会，同时提升就业结构，增加高智力就业；透过社会资本效应，改善一个区域的形象，提升区域品牌。作为总部经济集中体现的总部经济聚集区，它的高端性、知识性、关联性等特征使其在区域经济发展中扮演着越来越重要的角色。

2010 年 5 月 7 日，国务院在国家战略层面正式批复设立“两江新区”，这是中国的第 3 个副省级新区，前 2 个分别是上海浦东和天津滨海新区。两江新区为重庆经济发展强大注入强大动力。其次，寸滩、空港、西永综合保税港区建立，将催使重庆成为内陆开放高地，西南物流、运输中心。这一系列政策实施，为重庆做大做强总部经济，逐步形成高端、高效、高辐射力的产业集群，形成规模化总部经济创造了条件。可以说重庆总部基地发展潜力无限。

图 17-2 重庆市两江新区功能区分布图

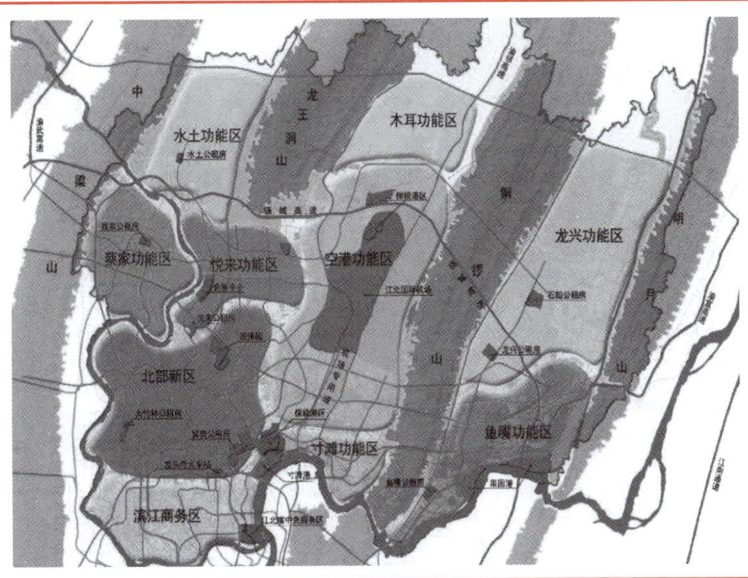

17.4.3 工业用地放量为总部基地创造条件

工业用地供需情况是衡量总部经济发展重要指标之一。2012 年 1-6 月主城区供应和成交的土地中，房地产相关用地供应面积 593.32 万 m^2，成交面积 506.4 万 m^2，分别占总量 50%、48%；工业用地供应面积 390.08 万 m^2，成交面积 380.02 万 m^2，分别占了总量 33%、36%。工业用地比重正逐渐提高，其一部分主要用于发展总部经济，其比例预计将会达到 40%，未来总部基地供应体量巨大，前景乐观。

2011-2012 年上半年，北区共成交工业用地 122 宗，成交面积 850.57 万 m^2，成交金额 74.47 亿元，主要集中在礼嘉、水土、鱼嘴、蔡家组团。西区共成交工业用地 110 宗，成交面积 422.5 万 m^2，成交金额 24.5 亿元，主要集中在西彭、西永、中梁山组团。南区工业用地成交宗数、面积偏少。在两江新区优惠政策带动下，北部区域成为了工业用地供需热点，未来这一区域必将成为重庆总部基地发展核心区域，重庆经济下一个增长极。西部区域凭借其独特优势，形成了电子信息、新型加工业的聚集地，工业用地成交也非常活跃。由此不难看出，未来重庆总部基地将依托两江新区各组团布局为主，西部区域作为重要补充这一分布模式，发展规模化总部经济，未来两江新区及西部区域势必将会成为重庆总部基地聚集区。

图 17-3 重庆市工业土地和房地产相关土地供应量对比（2011 年 1 月—2012 年 6 月）

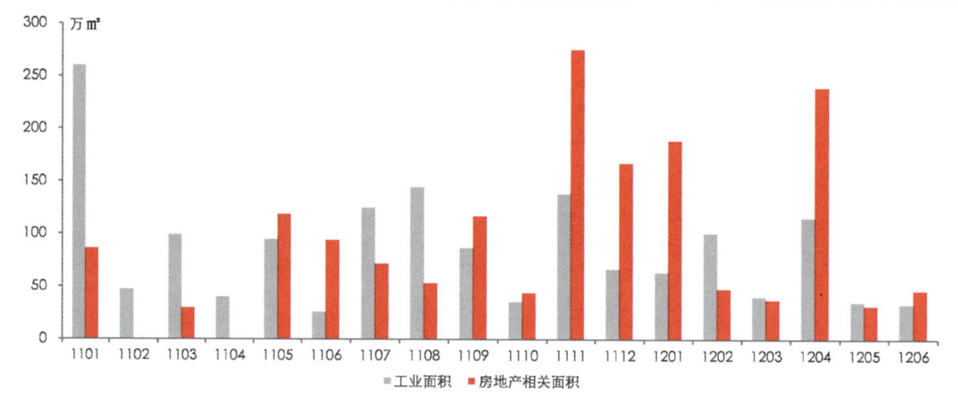

数据来源：重庆市土地交易中心

图 17-4 重庆市工业土地和房地产相关土地成交量对比（2011 年 1 月—2012 年 6 月）

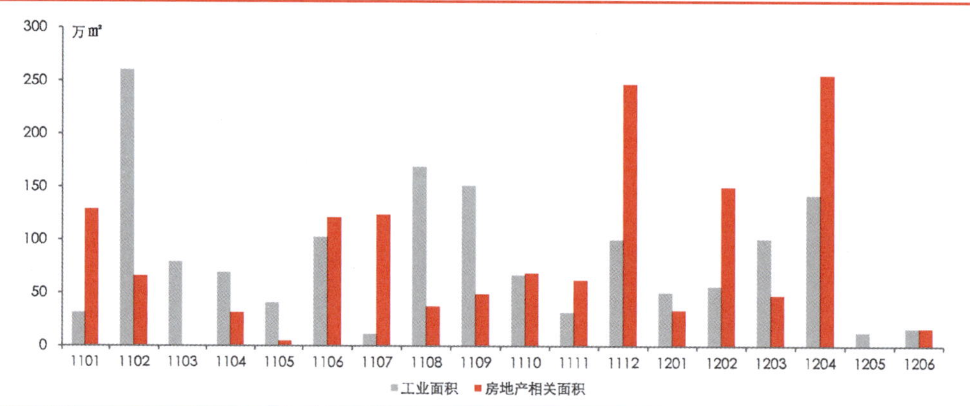

数据来源：重庆市土地交易中心

城市 Market
楼事 Story
数据 Data

重庆市主城区各区工业用地成交情况（2011—2012 上半年） 表 17-5

区域	宗数（宗）	出让面积（万 m^2）	成交金额（亿元）
北碚区	40	218.63	10.55
北部新区	51	185.00	8.60
南岸区	24	122.73	6.90
江北区	21	180.57	7.42
沙坪坝区	21	243.10	10.58
九龙坡区	15	90.52	5.38
大渡口区	11	64.88	6.85
高新区	13	44.00	1.69
巴南区	1	32.72	1.39
渝北区	10	266.37	47.90
渝中区	0	0.00	0.00

数据来源：重庆市土地交易中心

重庆市总部基地潜在项目明细表 表 17-6

指标 项目名称	区域	体量（万 m^2）	容积率	土地性质	市场定位
重庆静一总部基地	南岸区茶园	25	3	工业用地	3G 产业中服务型企业

数据来源：重庆中原市场研究部

第 18 章
成都攀成钢区域发展研究

四川中原市场研究中心　杨杰

攀成钢区域一直以来备受业界关注。自 2007 年第一块宗地出让开始，人们就不断对其冠予"成都中环"，"成都第一板块"等美誉。目前，该区域也被全成都整整守候了 5 年。本专题将从攀成钢区域规划、土地供求、入驻房企、项目研究等方面全方位地研究该板块区域价值，分析项目机会及区域未来走势。

18.1 区域规划及配套

18.1.1 区位位置

攀成钢区域位于成都东大街（金融街）末端，总占地 3000 余亩，是城市中心最大的地块，距天府广场仅 5km。城东区域 5 大商圈沿二环路珠状排开：万达商圈，建设路商圈已经发展成熟，万象城商圈，攀成钢商圈和东客站商圈尚在建设中，未来将极大影响城东甚至成都市的发展格局。

图 18-1 成都市城东区域主要商圈分布图

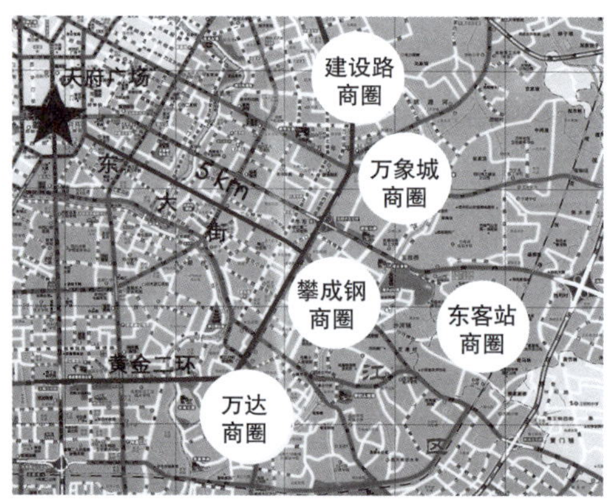

数据来源：四川中原研究中心

图 18-2 成都市攀成钢区域四至图

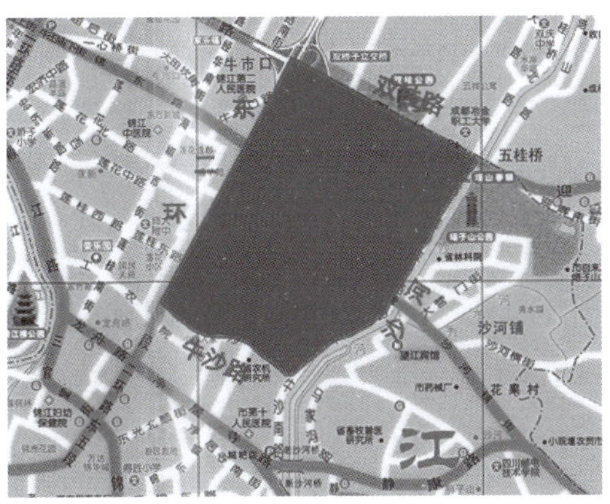

数据来源：四川中原研究中心

18.1.2 区域规划

攀成钢区域位于沙河和二环路之间，被东大路分成两部分，属于综合性地块。按照成都市政府规划，该区域将构建西部国际金融中心。其中，东大街将打造一条全长 5.2km 的西部华尔街，始于东大街盐市口，止于东大街沙河大桥，力争 3~5 年内建成。

图 18-3 成都市东大街规划图

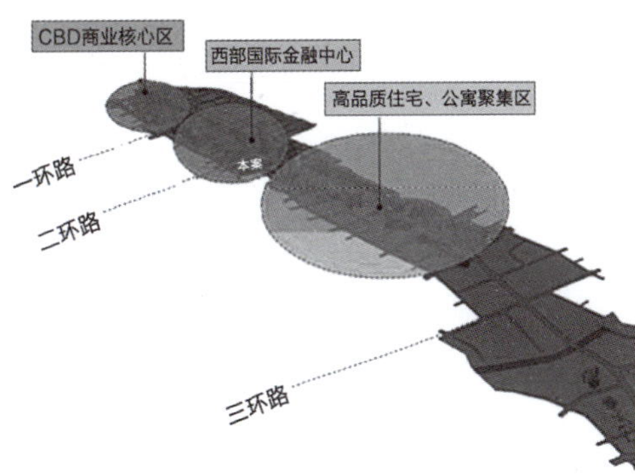

数据来源：四川中原研究中心

未来西部国际金融中心将成为极具特色的金融旅游区。在大力发展商贸的同时，还规划布局高档写字楼、高档精品店、特色餐饮等生活配套，为入驻企业和商务人士做到全方位的服务。截止目前，阳光保险集团、太古地产、九龙仓等国内外房产巨头纷纷加入到打造西部国际金融中心的行列中。

18.1.3 区域配套

目前，攀成钢区域交通配套完善，优势明显。地铁：2 号线贯穿全区域，开通在即，区域内设东大路站。公交：二环路沿线、东大路多个站点重点布局，片区内同样规划多条公交路线。景观配套：比邻双桂、塔子山两公园，景观独特。临沙河，欲打造绿色河滨公园景观带。文教、医疗、生活配套：片区规划 1 个妇女儿童中心（已建成）、1 所中学、1 所小学、2 个社区服务中心、2 个农贸市场。

18.2 土地市场供求分析

18.2.1 供应基本告罄 商业体量较大

据中原监测，目前攀成钢区域的土地出让率已达 90% 以上。区域内除 1、2、5、17 号住宅用地及 1 号商业用地待出让外，其余地块已出让完毕。未来主要供应集中在双桂路和妇女儿童中心地块。其中，位于 2 号线东大路站的 1 号商业用地位置极佳，发展潜力巨大。

图 18-4 成都市攀成钢区域土地出让图

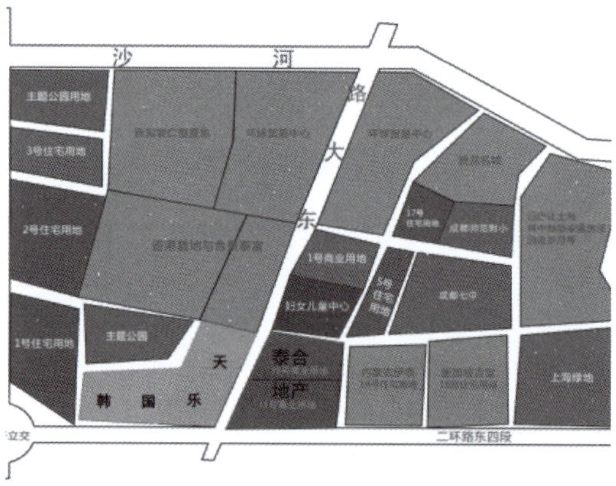

数据来源：四川中原研究中心

截止到 2012 年 6 月底，攀成钢区域已出让土地中，商住比例大致为 3:7。该区域规划有大型商业广场、高端写字楼、五星级酒店等大型商业综合体，总的商业体量达到 140 万 m^2 以上，商业配套完善，具备打造高端社区的潜质。

图 18-5 成都市攀成钢区域已出让土地市场份额

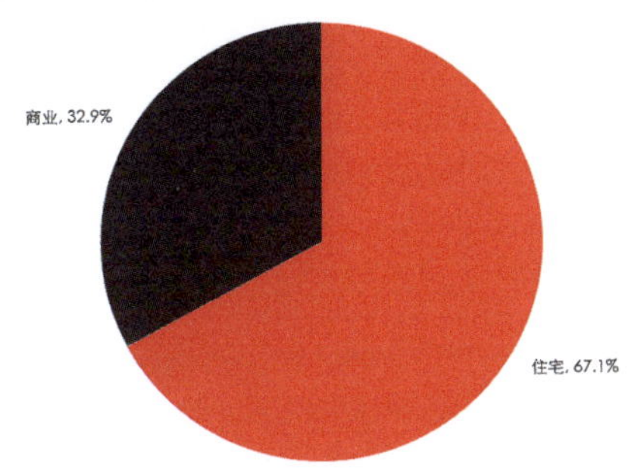

数据来源：四川中原研究中心

攀成钢区域规划物业类型齐全，涵盖住宅、商业广场、写字楼等多种业态，同时亦规划有学校、公园等公共设施配套。由于前期土地供应量较大，目前可出让地块所剩无几，后期仅有零星商住用地推出。在区域逐渐成熟之后，区域内土地供应或再度发力，推出规模适中和总价不高的地块，降低入驻开发商购地门槛，吸引中小型开发商竞购。

18.2.2 价格稳步上扬 知名房企扎堆

从政府区域规划来看，攀成钢区域发展前景良好。政府在出让土地方面定价较高，再加上实力开发商入驻意愿较为强烈，进一步推动区域土地成交价格走高。2012 年上半年，该区域土地成交楼面均价为 5284 元 /m^2，较同期全市土地成交楼面均价高出 145%。其中，一幅面积较小的地块楼面地价达到 7600 元 /m^2，创出区域内土地成交价新高。

图 18-6 成都市攀成钢区域土地成交楼面价走势图

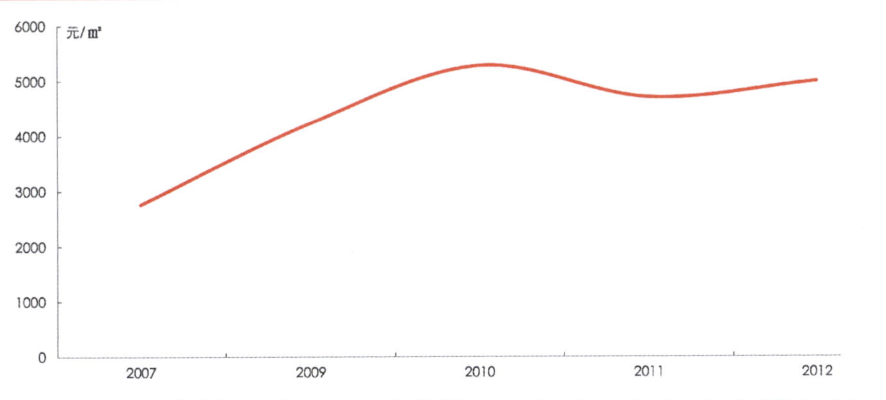

数据来源：四川中原研究中心

自攀成钢区域拆迁完成并逐渐具备出让条件，一直受到业界的强烈关注与期待。2007 年第一块宗地出让，就吸引了新鸿基、九龙仓以及恒基兆业三大港资开发商巨头。 2009—2010 年两年间，知名房企相继入驻攀成钢，其中包括深长城、韩国乐天集团等等。目前，该区域集中了众多国内外一线房企，区域价值凸显。

成都市攀成钢区域土地出让明细表（2007—2012 年）

表 18-1

成交时间	宗地位置	净用地面积（m^2）	成交楼面价（元 /m^2）	成交总价（万元）	土地使用性质	拿地企业
2007 年	成华区迎晖路以北，成洛路以南，沙河以东，成昆铁路以西	172720	2769	310000	二类住宅兼容商业	新鸿基 九龙仓 恒基兆业
2009 年	成华区迎晖路以北，成洛路以南，沙河以东，成昆铁路以西	119044	4241	196400	二类住宅兼容商业	仁恒置地
2010 年	锦江区攀成钢片区、二环路以东、牛沙路以北（18 号地块）	92465	6510	180764	二类住宅兼容商业	上海绿地
	锦江区攀成钢片区、二环路以东、东大街东延线以南（14 号地块）	60501	7600	163839	二类住宅	内蒙古伊泰
	锦江区攀成钢 16 号地块	50731	5950	120862	二类住宅	新加坡吉宝
	锦江区攀成钢片区	190063	4200	378038	公设、二类住宅	香港置地 合景泰富
2011 年	锦江区攀成钢片区、沙河以西、双桂路以南 3 号地块 （3 号地块）	37633	5740	64805	二类住宅	深长城
	锦江区攀成钢片区沙河以西、东大街延线以南范围内攀成钢片区 11、12 号地块	50801	4300	121009	商业兼容二类住宅	泰合地产
2012 年	锦江区攀成钢片区 4、7、8 号地块	70829	5000	174052	公设，二类住宅	韩国乐天

数据来源：四川中原研究中心

18.3 区域内项目研究

18.3.1 实力房企云集 主打高端产品

截止到目前，进驻攀成钢区域的房企主要分为港资、外资、内资三类，皆属实力房企，开发能力强。受政府规划及土地成本较高等因素影响，目前区域内在建、待建项目多为高端产品，包括豪宅、别墅等多种类型，后期项目开发竞争激烈。各个项目必然要结合自身优势，做出自己的特色，采用产品差异化战略，避免同质化，减少竞争压力。

成都市攀成钢区域开发项目明细表

表 18-2

项目名称	开发商	业态	建筑面积（万 m^2）	项目进展	项目点评
成都 ICC	新鸿基，九龙仓，恒基兆业	高端住宅，甲级写字楼，五星级酒店，集中商业	112.27	在售	项目地理位置佳，体量大，业态全，规划品质高，升值空间较大
仁恒滨河湾	仁恒置地	高端住宅，顶级会所，社区商业	45.24	动工	打造高端国际社区，临河、临公园、宜居价值高
绿地锦天府	上海绿地	别墅，高层住宅，集中商业	27.77	在售	临二环别墅，稀缺性强，对主城区别墅冲击较大
伊泰天骄	内蒙古伊泰	住宅，商业	21.56	未动工	实力开发商，资金雄厚，值得期待
凌云峰阁	新加坡吉宝	住宅，商业	20.31	动工	鄰江峰阁升级版，物业品质高端，开发商认知度高
环球汇	香港置地，合景泰富	高端住宅、服务式公寓，集中商业、写字楼和五星酒店	90.01	动工	又一大型城市综合体，必将成为区域标杆
深长城项目	深长城	住宅，商业	11.29	未动工	深长城地产成都二号作品，擅长打造高端社区
泰合国际财富中心	泰合地产	高端住宅，写字楼，集中商业	28.14	未动工	地产新秀，打造品质楼盘
韩国乐天项目	韩国乐天	超高层住宅、写字楼，商业	34.81	未动工	引进乐天百货，为项目增色不少

数据来源：四川中原研究中心

18.3.2 聚焦优质客户 销售速度缓慢

截止到 2012 年 6 月底，攀成钢区域内仅有绿地锦天府和成都 ICC 两个在售项目。就产品类型来看，绿地锦天府推出别墅和高层住宅，成都 ICC 仅推出高层住宅，都为改善型产品。成都 ICC 主要客户群体为多港澳台客户、新鸿基内部员工、知名企业高管等，项目主要吸引力在区域价值、品牌、升值潜力等。绿地锦天府项目主推低密度别墅产品，价格较高，销售速度缓慢。

成都市攀成钢在售项目供求分析　　表 18-3

项目名称	产品类型	户型面积段（m^2）	供应套数	销售套数	销售率	交付标准	销售价格（元 /m^2）	开盘时间
成都 ICC	高层住宅	100~470	381	148	38.8%	清水	内部均价：9000，对外均价：11000；特色单元：18000~19000	2012.4.27
绿地锦天府	高层住宅	182~344	371	1	0.3%	精装：3000 元 /m^2	待定	认购，开盘时间待定
	别墅	310~484	124	26	21.0%	清水	15000	2012.2.25

数据来源：四川中原研究中心

18.4 市场总结及 未来趋势判断

通过对攀成钢区域规划、土地市场、入驻房企、产品类型等方面的研究，我们总结出该区域以下 4 个特点及未来发展走向。

第一，区域发展起飞，未来升值空间较大。虽然该板块目前还处于起步阶段，仅有少数项目正式亮相，但却承接了东大街金融街交通配套的地气和东二环商圈板块延伸的商气，再加上区域内交通、教育、商业配套规划较为完善，预计经过 3~5 年的合理规划与高品质开发，其必然成为城东甚至成都市最为热点的板块之一。后期随着该区域的市场认可度提升，未来升值空间较大。

第二，大牌开发商云集，势必成为高端物业聚集地。作为东部金融中心东大街延线黄金版块的攀成钢区域，是主城区有待发展的最大片区，地理位置优越，开发资源丰富，具备发展高端物业的条件，实力开发商云集。我们预测该区域未来将以大品牌、大规模、高强度、高档次的产品开发为主。

第三，项目同质化竞争激烈。区域内项目从品牌到产品都将面临同质化的严重竞争。开发商应对自身优势、区域地块价值等进行深度挖掘，如临近主干道的商业价值，临沙河的景观价值，走产品差异化路线。总之，如何做出产品特色，将是区域内项目开发成败的关键。

第四，区域发展面临挑战。攀成钢区域属于新兴区域，居住、商业氛围需要经过一段时间培养才能成熟。由于短期内偏离市中心位置，同时又难以享受城市向南发展的红利，商圈功能完善尚需要较长时间，因此该区域发展仍存在一些不确定因素。

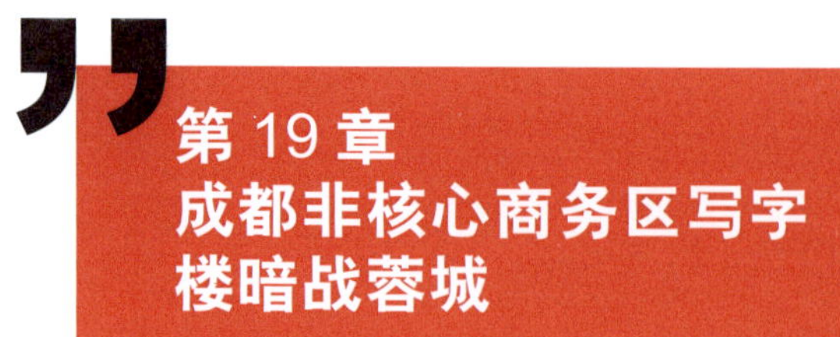

第 19 章 成都非核心商务区写字楼暗战蓉城

四川中原市场研究中心　张双红

19.1 非核心商务区写字楼崛起

随着中心城区土地日益稀缺，房地产开发逐步外移，独立于传统的市中心及新兴商务板块之外的非核心商务区写字楼不断涌现，并在写字楼市场中占据重要的一席之地。这些项目大部分位于二环外城市次级商圈，与市中心有一定距离，也不是写字楼的主要聚集区。但作为区域性的现代写字楼物业，凭借着便捷的交通网络优势，改变了以往企业在老旧商务楼及住宅中办公的情形，满足了现代商务办公需求，有效地填补了区域写字楼的市场空白，逐渐成为区域性的商务活动中心。

成都市非核心商务区典型写字楼项目　　表 19-1

商圈	项目名称
建设路商圈	高地中心、华联东环广场、万科钻石广场、万科中心、协信中心、浦发银行大厦
金沙光华商圈	仁和春天广场、优诺国际、中大君悦广场、金沙万瑞中心、智业世纪加州、中海大厦
红牌楼商圈	红牌楼广场、莱蒙置地广场、蓝海 OFFICE、旭阳国际、丽都汇、置信未来广场
荷花池商圈	瑞安中华汇、金牛万达广场、绿地红星国际广场
其他商圈	成都 339、环球广场、财富又一城、华润广场、华润中心、绿地中心

数据来源：四川中原数据库

19.2 市场发展扫描

19.2.1 市场份额稳步提升

从 2008—2011 年成都市写字楼发展情况来看，随着写字楼供应大规模放量，非核心商务区写字楼也呈现出迅猛发展的势头，市场份额保持在 20%~40% 的水平，在写字楼市场中占据重要的一席之地。虽然传统的市中心 CBD、人民南路、东大街等商圈是政府重点打造的核心商务区，但随着城市扩张步伐加快，中心城区可开发利用土地越来越有限，城市外围圈层成为房地产开发的主战场。在房地产开发逐步外移的过程中，非核心商务区写字楼项目不断涌现，抢占市场先机。

图 19-1 成都市非核心商务区写字楼供应情况（2008—2012 年）

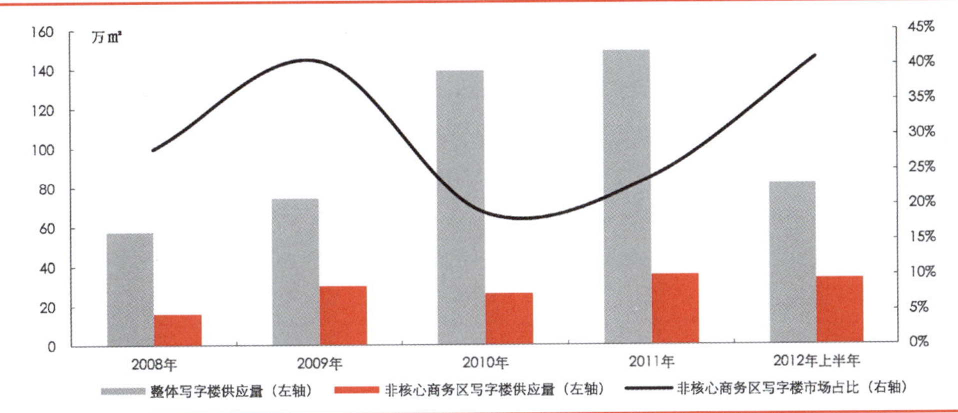

注：仅统计纯写字楼项目，商务公寓项目不包含在内
数据来源：四川中原数据库

19.2.2 市场开发热度不减

非核心商务区写字楼开发热度不减，项目遍布全成都，后续开发势头强劲。对于开发商而言，虽然在非核心商务区开发写字楼具有一定风险，但由于项目土地取得成本相对较低，开发占用资金较少，项目开发完成后的租金或售价在竞争中具有明显的价格优势。其次，非核心商务区写字楼可以针对特定企业办公需求，走差异化路线，避免同质化竞争，市场发展空间较大。而产品亦更容易打造成为区域性地标提升开发企业的知名度。此外，为了发展楼宇经济拉动当地经济增长，地方政府对当地写字楼的政策支持力度较大，并制订了一系列的激励措施鼓励房企开发高端写字楼项目。这在较大程度上刺激了市场开发的积极性，使得非核心商务区写字楼市场开发热度保持在较高水平。

19.3 项目特征

与传统核心商务区写字楼相比，非核心商务区写字楼分布较为零散并且距离市中心较远，区域办公氛围不成熟。但由于项目依托城市综合体，通过走差异化竞争路线，仍能以较高的产品性价比逐步获得市场认可。

19.3.1 区域分布：远离市中心

非核心商务区写字楼主要分布在二环至三环区域内的城东、城北、城西等非主要商务区，距离市中心有一定距离。但项目临近交通主干道，具有较好的交通可达性。随着交通网络越来越便捷，尤其是地铁等轨道交通的发展以及 2 环路快速通道、2.5 环、3.5 环的修建，城市次中心区域的交通通行能力将大幅提高。非核心商务区写字楼交通瓶颈将逐步打破，与市中心写字楼相比，地理位置差距缩小，这为其发展提供了良好的外部条件。

随着城市化进程加快，二环外逐渐成为高层住宅小区的集中区。在人口逐步向外迁移的过程中，城市的外围区域催生了新的商务办公需求。非核心商务区写字楼虽远离市中心，但依托次级商圈的发展及周边新兴住宅的兴起具有较好的成长性。

19.3.2 物业形态：依托城市综合体

非核心商务区写字楼以单体建筑形态出现已经越来越少，更多的则是依托城市综合体形态出现，与综合体中商业、酒店、住宅等业态并存，并形成多种业态的良性互动。

近年来主城区内单纯的住宅或商业用地越来越少，综合用地成为土地交易市场的主要类型，地块性质趋于多元化给城市综合体项目的蓬勃发展带来契机。多种业态开发既符合规划要求，又减少了单一业态开发的市场风险。城市综合体中写字楼业态的开发有利于弥补区域市场商务配套短缺的情况，对区域形成较强的辐射能力，同时也对综合体本身起到一定的提升作用。非核心商务区写字楼由单体建筑向城市综合体形态的转变，标志着非核心商务区写字楼在发展的过程中逐步走向成熟。

19.3.3 产品开发：试探性为主

通常情况下，由于受到地理位置的影响，非核心商务区写字楼项目在产品打造上难度较大，开发商通常对该类型产品进行试探性开发。与商务核心区同类项目相比，非核心商务区写字楼产品在体量、配置、面积分割等方面具有一定差异。

成都市核心商务区写字楼和非核心商务区写字楼产品对比　　表 19-2

产品属性	核心商务区写字楼	非核心商务区写字楼
项目体量	写字楼部分 4~5 万 m^2 或更大	写字楼部分 2~4 万 m^2
项目配置	甲级写字楼规划，配置超前	乙级写字楼为主，配置水平略逊色
面积划分	面积分割较大，主力面积 150~400m^2	面积分割较灵活，主力面积 70~200m^2
产权情况	基本为拆零出售，少部分为业主持有	只租不售项目占比相对较大
价格水平	写字楼价格高于周边住宅价格	价格与周边住宅相当
物业管理	国际知名物管公司	开发商自身物管

数据来源：四川中原数据库

尽管为试探性开发产品，非核心商务区写字楼项目在项目配置水平方面有了较大的提高，产品档次不断提升。值得关注的是，为了享受物业增值收益，出现了较多开发商自我持有项目，如高地中心、财富又一城广场、中海大厦、华润大厦等。

19.3.4 产品优势：性价比较高

由于政府支持力度较大，土地取得成本较低，区域写字楼氛围相对欠缺，为了吸引企业入驻，非核心商务区写字楼在销售价格或租金方面具有较大优势，产品性价比相对较高。写字楼销售价格与周边住宅价格相当，但租金却大大高于同类售价的住宅，因此其投资回报率保持在较高水平。

成都市非核心商务区写字楼典型项目销售价格和租金情况　　表 19-3

项目名称	开盘时间	销售价格（元 /m^2）	租金（元 /m^2·月）	税前投资回报率
优诺国际	2009 年	8000~10000	70~80	10.0%
中大君悦金沙	2010 年	9000~10000	70~80	9.5%
东环广场	2010 年	9000	60~80	9.3%
高地中心	2010 年	只租不售	90~110	—
莱蒙置地广场	2011 年	11000	预计 60~80	7.6%

数据来源：四川中原数据库

19.3.5 市场反映：认可度提升

非核心商务区写字楼更容易走差异化经营路线，市场认可度也不断提升。这主要表现在以下3点：第一，项目销售周期较短，如中大君悦金沙、优诺国际等项目从开盘到售罄不到 1 年时间，市场消化速度较快。第二，项目在招商阶段较为顺利，高性价比对企业具有较强的吸引力，尤其是对地段依赖程度不高及面积需求较大的企业，如电信业、制造业、事业单位等，其中不乏实力企业。第三，在客户构成中，自用型客户占主流，部分项目受到大型国企、事业单位青睐，例如智业世纪加州等项目为金牛区政府办公场地，财富又一城为移动电子企业集中办公场所。部分项目开发前期根据大型客户需求量身打造，走定制式开发并整体销售路线。

19.4 未来发展趋势及市场影响

城市规模的扩大、房地产开发的外移推动了非核心商务区写字楼的崛起。非核心商务区写字楼的快速发展一方面是市场发展的必然结果，另一方面也推动着写字楼市场发展，对写字楼分布格局发挥着重要作用。

房地产开发的外移趋势不可逆转。随着城市居住人口逐步向外围圈层集中，次级商圈商务需求不断增加为非核心商务区写字楼发展创造了良好的条件。成都环状的城市结构导致中心城区交通拥堵情况日益严峻，对写字楼地理位置的考量标准不再局限于市中心，而是综合交通路网情况、通勤时间、各项商务配套等多方面因素。非核心商务区写字楼有效避免中心城区的交通拥堵，突破传统的商务办公局限，依托次级商圈的发展仍将保持快速发展的步伐。

在写字楼大规模开发市场条件下，核心商务区写字楼的竞争十分激烈，尤其是以天府新城为代表的新兴商务区写字楼潜在供应量巨大，市场消化能力有待考验。虽然非核心商务区写字楼面临同样严峻的市场竞争，但由于项目较为分散，产品性价比较高，走差异化竞争路线可使其在激烈的市场竞争中占据重要的一席之地，满足区域性商务办公需求。

非核心商务区写字楼引领区域商务办公环境升级，是写字楼市场不断走向成熟的标志。另一方面，非核心商务区写字楼聚集到一定程度，有可能培育出新的商业中心或形成新兴商务区，促使写字楼市场呈现多核心、分散化的分布格局，从而推动写字楼市场格局变化。

第 20 章 成都房企土储政策生变 暗指楼市走向

四川中原市场研究中心　周觅

20.1 市场背景

2011 年限购令实施以来，新房销量腰斩，开发商将“去存货”、“回笼资金”作为首要任务，土地市场日渐萧条。2010 年下半年火爆一时、量价齐升的土地交易陷入冰封，开发商拿地意愿明显减弱，即使优质地块拍卖也多坐壁上观，大开发商基本停止拿地。这一现象在 2011 年下半年越发显著，底价成交及流拍成为当年土地市场的关键词。

成都市限购后标杆房企主城区购地情况　　表 20-1

开发商	拿地日期	宗地位置	面积（m^2）	楼面地价（元 /m^2）	溢价率
龙湖	2011-02-01	高新区西部园区	158500	830	0%
龙湖	2011-02-01	高新区西部园区	147167	830	0%
中海	2011-05-20	高新区南部新区仁和片区内，锦程大街以南，成汉南路以西	118967	3300	2%
万科	2011-07-07	成华区建设路锦电东苑地块	15407	3060	0%

数据来源：四川中原数据库

进入 2012 年，以降准、降息为标志的货币政策定向宽松，市场预期发生微妙变化。保利、中海、远雄、乐天等房企高调拿地，溢价成交重现市场。土地市场活跃的背后，是地方政府的试探性微调，红五月到来。但即便如此，纵观整个楼市，经历 1 年多调控后集中化越趋明显，3 成项目占据了市场成交量的 7 成，局部回温背景下楼市阴霾仍在。目前，严厉政策已然出尽，作为楼市风向标的重点开发商的一举一动，从某种程度上将极大影响楼市未来走向。

20.2 房企土储战略面面观

20.2.1 保利：央企气魄 一路狂飙

相较于国内其他大型房企，国内房地产业 4 大巨头“招保万金”之一的保利姗姗来迟，2008 年启动首个项目“保利 198 公园”才正式进入成都市场。2009 年和 2010 年，不仅是成都房地产市场发展的黄金时代，也是保利在成都地产界一路狂飙、大放异彩的 2 年。在这期间，保利不仅完成了对成都市东南西北中各个板块的布局，更是将旗下各系产品全面铺陈，包括复合地产（保利公园 198）、旅游地产（保利石象湖）等等。保利针对市场需求，推出大量刚需型产品，抢占市场份额，同时也将增加品牌美誉度的 TOP 系产品带到成都（保利康桥）。

2009 年之前，保利仅有一个位于郊县的“保利 198 公园”项目，而当年获得的数个项目在 2010 年的牛市中均取得了较好的市场反响。进入 2010 年，保利在土地市场上继续保持着高频率的拿地节奏，除在主城区以超高的楼面价购得数宗优质地块外，对郊县项目也持续关注并有所斩获。随着 2011 年市场走低，保利此前贸然高价拿地的弊端开始显现：6000~7000 元 /m^2 的楼面价推高公司成本，而价格在 15000 元 /m^2 左右的产品在限购之后销售遇阻。再加上该类项目多是大户型产品，产品结构调整殊为不易。2011 年，保利在一路高歌猛进之后基本停止了拿地步伐。

进入 2012 年，特别是 2 季度以来，市场交易量开始回暖。即便市场整体表现仍不如人意，但保利旗下刚需型产品依旧保持着较高的去化速度。因此，在经过 1 年的沉寂后，保利在土地市场再次出手拿地。同时，保利亦在新媒体上公开高调求地，表态愿以各种合作方式拿地开发，求地若渴可见一斑。

总体而言，成都保利一直保持较高的拿地节奏，在土地市场上的表现一贯激进。目前，公司土地储备充裕，主城区可售面积达 142 万 m^2。若按照 2011 年保利主城区 6 个在售项目销售 51 万 m^2 的消化速度计算，其土地储备约可消耗 3 年。

保利地产历年主城区购地详情（截至 2012 年 6 月） 表 20-2

年度	项目名称	净用地面积 (m^2)	可建面积 (m^2)	已推售面积 (万 /m^2)	可售面积 (万 /m^2)
2012	保利外光华项目（待建）	54080	162200	—	162200
2011	保利百合公馆（待建）	50534	151600	—	151600
2010	保利贝森公馆	23133	128000	27200	100800
	保利康桥	82320	340400	41000	299400
	保利香槟国际	122787	306700	232000	747000
2009	保利中心	43680	390000	尾盘	—
	保利金香槟	45100	130800	售罄	—
	保利心语花园	176774	852600	529200	323400
	保利国际广场	121414	247000	待建	247000
	保利花园	173188	484900	422200	62700
合计		893011	3194200	1772400	1421800

数据来源：四川中原数据库

20.2.2 万科：多方夹击 拿地陷困局

自进入成都市场以来，万科发展顺风顺水，产品销量及口碑一直保持较高的水平。即便遭遇市场寒流并推行价格较高的精装系产品，万科的去化速度也仍然跑赢大市，旗下项目也经常出现在销量 TOP10 榜单上。2011 年，虽然万科主城区商品住宅销量继续保持在前 10 名之内，但观察其在售项目及土地储备，维持表面风光的背后隐忧难掩。目前，万科在主城区的 3 个在售项目，都为 2007 年拿地，距今已有 5 年之久。

相对于保利、华润等开发商的高歌猛进，近 2 年万科在成都的扩张显得十分低调，新增项目多在郊县（新都五龙山项目）或省内二级城市（南充），主城区土地储备明显不足。重兵屯集的成都土地市场竞争激烈，面对保利、中海等央企的贴身紧逼，一贯奉行“不拿地王”的万科已经占不到便宜，而流行的地方政府附加出让条件捆绑型运作模式也使其拿地愈发困难。

在睽违 2 年之后，2011 年专业住宅开发商万科宣布启动其在成都的第一个商业项目“钻石广场”。万科加大商业投资比重，一方面是目前住宅项目受政策调控影响利润率较低所致；另一方面也是现实挤压所致，仅有小地块的竞得并不能解决万科在成都主流市场上拿地乏力的困境。

虽然业界一直传言万科已经在进行多个新项目的拓展，但不确定性仍然较大。目前，万科主打的刚需型产品存货已不多，面临断供的风险。经历一年多的高压调控，市场出现转机。2012 年 1、2 季度以来，不少开发商已经开始在土地市场上踊跃出手，这显示出企业对市场走向信心重振。若后期市场交投再度活跃，而土地储备跟不上的话，万科不仅可能面临无米下锅的窘境，同时也存在被边缘化的危险。

万科历年主城区购地详情（截至 2012 年 6 月）　　表 20-3

年度	项目名称	净用地面积(m^2)	可建面积（m^2）	已推售面积（m^2）	可售面积（m^2）
2011	万科钻石广场	15407	121500	—	121500
2008	万科金色海蓉	54967	225200	134000	91200
2007	万科金域西岭	79334	434500	361300	73200
	万科金色领域	49627	299000	215600	83400
	万科金润华府	52894	320000	263700	56300
合计		252228	1400200	974600	425600

数据来源：四川中原数据库

20.2.3 蓝光：“短平快”的生存之道

作为本土开发商的中坚力量，蓝光在外来开发商的夹击下，仍然保持着相当高的活跃度。除 2011 年外，近几年公司均有拿地动作，但获得的地块面积通常不大。主要原因是近年来成都主城区土地价格高企，对企业的资金要求提高。随着越来越多外来开发商进驻，资金实力相对较弱的本土开发商处于竞争劣势。体量较大的地块多被其他资金实力雄厚的品牌企业竞得。

每一次调控，都是大企业抢占市场份额，行业洗牌的过程。作为目前硕果仅存的本土企业，每当市场遭遇调控，蓝光总会陷入“破产”传言，但同时蓝光总是能够出人意料地拿地并快速开盘热销。虽然资金实力无法同大开发商相提并论，但蓝光一直保持着较高的拿地频率。主动出击，快速开发，以中小项目为主，做性价比高的刚需产品，这是多年来蓝光驰骋成都楼市的不二法宝。

蓝光多年来施行“低价快销”的策略，其产品价格一般较周边项目便宜。在市场不景气的情况下，蓝光采取了灵活多变的销售策略，运用直降、主推中小户型、精装房变清水房等方式进行促销，成效显著。进入2012 年以来，一直保持高速运作的蓝光多次出击，短短数月斩获 3 宗地块。主要原因是公司旗下多个刚需项目热销，库存已经不多，若再不拿地将面临无房可卖的局面。因此，蓝光在取得了相当的回笼资金后，采取了迅速“补货”的策略。

蓝光历年主城区购地详情（截至 2012 年 6 月） 表 20-4

年度	项目名称	净用地面 (m^2)	可建面积 (m^2)	已推售 (m^2)	可售面积 (m^2)
2012	府青路项目（待建）	39140	164900	—	164900
	COCO 金沙（待售）	28993	75400	—	75400
	四威南路项目（待建）	36087	113600	—	113600
2010	蓝光 sofa 社区	31433	120000	120000	—
	蓝光金楠府	36240	130200	110800	19400
2009	蓝光花满庭	82667	410000	410000	—
	云鼎	14800	76300	76300	—
	公馆 1881	40140	219000	143600	75400
合计		309502	1309400	860700	448700

数据来源：四川中原数据库

20.3 总结

20.3.1 标杆房企频出手 后市企稳信号强烈

2012 年 2 季度以来，品牌开发商身影活跃于土拍市场，溢价成交地块明显增多。目前，萎靡一年多的楼市温和上行预期强烈，为避免出现 2009 年反弹行情后无货可出的状况，开发商在楼市曙光出现后趁低拿地，一方面是对市场前景持乐观态度，另一方面则是其存货不多亟需补充库存的真实反映。

20.3.2 最坏时期已成过去 楼市量价回暖可期

目前，调控政策在达到价格回调的作用后尽显疲态。虽然单次降息对目前楼市实质影响并不大，但央行每一次调整均有持续性考虑。另外，从宏观经济运行状况来看，中央进一步刺激消费、扩大内需的意图明显。现阶段市场心态亦出现反转，大多数购房者认为目前房价已经处于筑底阶段，“恐涨 " 心态促使需求入市。

2012 年宏观经济形势不容乐观，加码政策出台可能性微乎其微，再加上适度从宽的货币政策及不断出台的地方微调，市场政策见底、价格触底的预期形成，楼市开始温和反转。我们预计若政策及预期保持不变，下半年楼市量价都将缓慢回升。

第 21 章 成都二手房按评估价核税影响几何

四川中原市场研究中心　曾亮

一石激起千层浪，继去年深圳实施“二手房按评估价征税”后，2012 年 3 月下旬，成都地税方面透漏消息，成都最迟于 7 月 1 日 “二手房交易税将按评估价核定”。众所周知，国内二手房交易在税收方面存在漏洞，买卖双方普遍在交易环节采用“阴阳合同”的方式来达到避税目的。在这种情况下在，相继有上海、深圳等城市实行了“二手房按评估价征税”新规。虽然各地实施细则有差异，但是在填补漏洞，规范市场行为方面，新规势必将起到巨大作用。

21.1 成都市二手房市场概况

受调控政策影响，2011 年全国房地产市场可谓走过了痛苦的一年。成交量萎缩、开发商资金链吃紧等等，市场可谓是哀声一片。虽然市场叫苦不迭，但中央调控决心坚定，一年多来政策不但没有丝毫动摇，对地方政府放松调控的尝试亦是冒头就打。

受整体市场影响，成都市二手房市场亦不能独善其身。特别是在 2011 年第 4 季度，整个市场笼罩在悲观情绪中，降价预期强烈，观望情绪蔓延。二手交易量持续走低，各大中介亦一致做出了关闭门店的调整动作。2012 年年初，成都市二手房市场延续了上年度的疲软走势，1、2 月成交量徘徊于近几年的低位。3 月初两会召开，会议中提出了保“刚需”的观点，随后央行出台文件在信贷上支持刚需购房者。政策终于在信贷上有所放松，市场出现反弹，走出了一波“小阳春”行情。整个 3 月上中旬，二手住宅市场保持平稳运行。3 月下旬，有媒体突然报出，从地税方面获悉消息“最迟于 7 月 1 日，成都市二手房交易税将按评估价核定计税”。此消息一出，市场迅速作出回应，3 月下旬二手住宅市场成交量出现好转，成交水平提高，市场出现明显反弹。此后经媒体的进一步报道，消息在市场中进一步扩散和发酵，成交量快速拉高。5 月份，成都市单月二手住宅成交量达到了 5000 多套，重回两年多来的高位，6 月份成交量继续回升，上演着新规实施之前的最后疯狂。

图 21-1 成都市主城区二手住宅月成交量走势

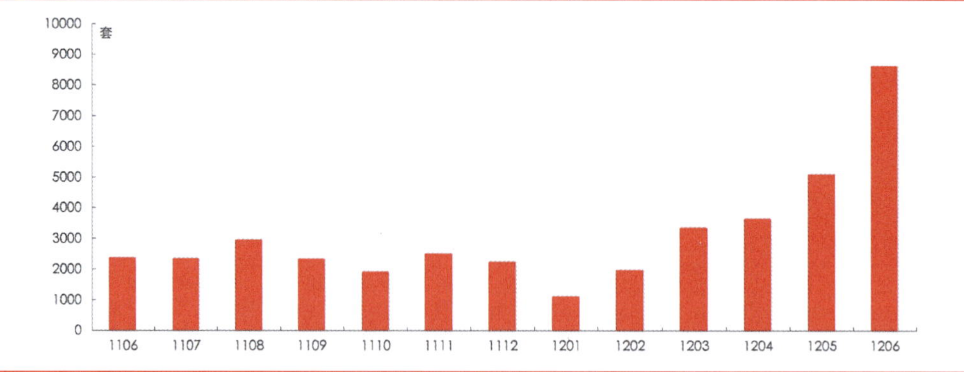

数据来源：成都市房管局

图 21-2 成都市主城区分行政区二手住宅成交量

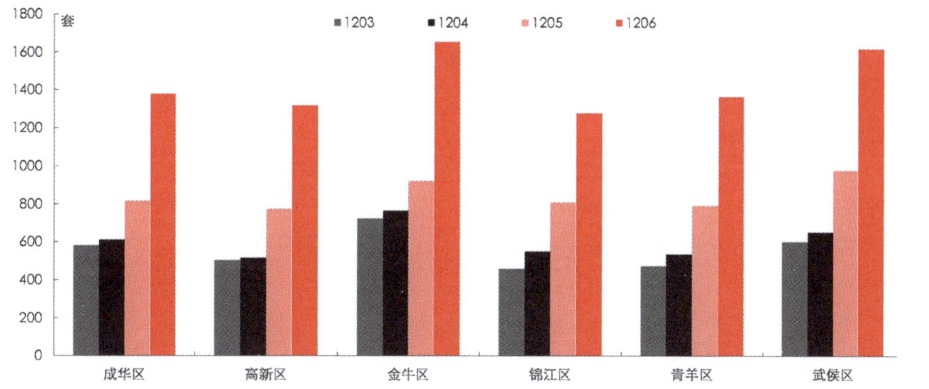

数据来源：成都市房管局

21.2 现存指导价及新规评估价比较研究

21.2.1 现存二手房指导价概况

成都市现存二手房指导价最近一次更新在 2007 年。按照建筑类型，房屋主要分为砖混和框架两类。在确定完建筑类型之后，再按照环线确定指导价格，该指导价格的确立使用一直延续至今。在核定税收过程中，若合同价明显低于所处环域内的指导价，那么将按指导价进行征税。而现在成都市的实际房价，一环内价格在 3600 元 /m^2 的二手住宅几乎不复存在，实际均价早已上升至 10000 元 /m^2。指导价已经完全脱离市场，给避税留出了巨大的空间。可以少交税买卖双方自然乐意，再经中介一撮合，“阴阳合同”也就成为了市场的一种普遍现象。

成都市二手住宅指导价（2007 年更新） 表 21-1

环域	建筑结构类型	
	框架（元 /m^2）	砖混（元 /m^2）
内环	3600	2500
内环到一环	3200	2100
一环到二环	2800	1700
二环到三环	2600	1500
三环外	2300	1300

数据来源：成都市房管局

21.2.2 新规评估价操作方案

据成都市地税局介绍，自 2012 年 4 月起，成都市中心城区共招聘 13 家房地产评估机构，对中心城区内近 4 万栋房屋进行数据采集。每栋楼会选取一套房屋作为标准参数，楼内的其他房屋价格将以这套房屋为标准进行计算，基本实现一房一价。房屋的结构、年代、采光、生活配套、物管、公交、小区安保、消防设施、周边治安、有无车位等因素都将影响房屋价格，而中心城区房屋的影响因素则达到了 42 项。

21.3 新规市场影响

21.3.1 城市经验分享

深圳于 2011 年 7 月 11 日起，实行 " 二手房按评估价征税”。政策的实施对市场产生了显著影响：在政策实施前当地二手房市场成交量出现一个明显放量过程，而政策实施后的 3 周里，政策效应凸显，全市过户套数急剧下降 8 成。深圳有关部门为每套存量房测算评估价时保留了一定“余地”，控制二手房的评估价为市场价格的 7 成左右。“留有余地”是不让二手房交易成本增加过多，以期实现市场平稳过渡。但这一举措使购房者在办理购买二手房贷款时，银行只能按照评估价放款。这意味着在深圳购买二手房的首付比例提高，一定程度上却又抑制了市场。再加上 2011 年整个市场行情较差，在此新规实施之后深圳二手房市场可谓是陷入了深度低迷，一度出现中介大规模关店现象。

从成都 5、6 月份市场的异动可以看出，“阴阳合同”有其“市场”，少交税也是购房者看重的一个因素。“二手房按评估价征税”的传闻促使部分购房者赶在新规执行之前及时出手。由于成都市有关此项政策的具体规定还不得而知，但是可以预计其作用及市场影响将与深圳市的情况非常相似。新规执行前的一段时间内市场成交量显著拉高，执行后市场成交量受到抑制的情况也会十分明显。

21.3.2 典型案例分析

按照国家相关法律规定，二手房交易过程中，应由买方承担契税，卖方承担营业税和个税。但落实情况并不理想，各地市场不尽相同。成都市场普遍存在的现象是税费均由买方承担。交易中卖方为了省事，只想要净收益，由买方承担全部税费已是市场“潜规则”。目前，在市场上成交的二手房中，5 年以内的次新房占据的份额较大。而一套 5 年以内的二手房在交易过程中所需承担的税费大约为总成交价的 8%，成交价的变动对税额的影响相当明显。

假设一环附近有一套框架结构的二手房，面积为 100m^2，房龄为 3 年，属普通住宅。若依现行规则按照指导价核税的话，所需缴纳的税费为 100×3200×（5.6%+1%+1.5%）=25920 元。该套房屋的市场成交价在 10000 元 /m^2 以上。新规执行后，假设评估价为 9000 元 /m^2，那么按照评估价核定税额 =100×9000×（5.6%+1%+1.5%）=72900 元。由此可见，新规实行前后税费差距在 3 倍左右，这对于交易双方来说都是不小的金额。

成都市二手房（普通住宅）交易税税种及税率　　表 21-2

税种	征收条件		税率
营业税	普通住宅未满 5 年		5.6%
	普通住宅满 5 年		免
个人所得税	一般情况		1.0%
	普通住宅满 5 年，且为家庭唯一住房		免
	转让受赠住房（按成交价—购入价差额征收）		20.0%
契税	建筑面积小于或等于 $90m^2$	属于买方唯一住房	1.0%
		不是买方唯一住房	3.0%
	建筑面积 $90\sim144m^2$ 之间	属于买方唯一住房	1.5%
		不是买方唯一住房	3.0%
	建筑面积大于或等于 $144m^2$	——	3.0%

数据来源：成都市地税局

21.3.3 初期抑制市场 远期作用有限

税费作为一种有效的宏观调控手段，其影响向来都是立竿见影。近期成交量走势反映了市场对税费政策调整极其敏感。当然市场上也有不同声音，部分人士认为二手房近期的走高或许更多源于整体市场的回暖。可以看到的是，近期政策在鼓励首套房方面有所倾斜，且地方政府微调频出，市场势头确实向好。但就二手房近期的成交水平来看，整体市场向好并不具备如此强大的力量将二手市场带得如此火热。购房者对新规实施后税费增加有所顾虑，即时出手以减少交易成本是促成近期成交量大幅上涨的主要原因。

离新规执行日期越来越近，评估价与市场的接近程度、购房者的反应、房价的预期等因素将决定后期市场走势，到底是哪种因素的作用力更大还有待具体观察。可以肯定的是，政府意在规范市场，解决这一老大难问题，堵上这个空子是迟早的事。即使考虑到市场平稳过渡等问题，评估价都将较原来采用的指导价明显提高，交易成本也将相应增加。成本增加势必对市场有打压作用，所以预计政策执行初期市场将会明显受到抑制，但从长期来看，其影响依然有限。就目前成都市二手房市场的情况来看，无论成交量还是价格终究都要看整体市场的脸色。若整体市场向好，此次将执行的税费新规对市场的影响可能在短时间内消除。若下半年整体市场虚弱，那么新规将让二手房成交雪上加霜，使市场变得更加艰难。

第 22 章 北改 —— 成都城北楼市变革的助推剂

四川中原市场研究中心　周觅 杨杰

22.1 成都市北城改造概况

22.1.1 北城改造简介

北改范围东起新成华大道，西至西大街—金牛大道（老成灌路），南抵一环路（局部至府河），北至绕城高速金牛、成华北边界，总面积约 195km^2(含绕城高速内新都区部分区域)。其中“四轴四片”中金牛区、成华区重点区域约 104km^2。

初步统计，北改工程项目约 360 个，总投资 3300 亿元。作为“北改”工程启动年，2012 年成都市拟启动实施项目约 200 个，总投资约 1508 亿元，年内计划投资 200 多亿元。

北改意图改善成都市北部城区居民的居住条件和居住环境，同时为新兴产业的发展腾出空间。通过改善交通和基础设施，创造良好产业环境，最终实现将其建成国际化城北区域城市副中心的目标。

22.1.2 北城改造重点

北改的重点包括交通配套、旧城改造、产业升级 3 方面。

城北区域路网不畅，存在多条断头路及综合市场，再加上 4 个客运站聚集于城北片区，人车货流量大，路面拥堵，所以交通配套问题亟待解决。政府计划年内启动总长约 46.5km，总投资 79 亿元的路桥建设。

目前城北区域城市形态老旧，多为 20 世纪 70、80 年代老房子，生活配套等缺乏。北改将以其中的曹家巷、火车北站等为重点，以大型单位自主改造为示范，同时推进天回镇的改造，并结合凤凰山机场的搬迁工作，打造生态宜居的凤凰山片区。

目前城北区域产业业态低端，成都市区 70% 的商贸市场集中在城北，如荷花池等小商品批发市场。北改将调迁这些低端业态，着力把城北打造成中西部的商品批发物流高地和国际商贸物流中心。

22.1.3 北城改造日程表

成都市北城改造日程表　　表 22-1

时间	内容
2012 年 2 月	启动昭觉寺南片区，绿水青龙、集装箱旧城改造 3 个项目的拆迁
2012 年 3 月	2.5 环黄忠大道道路动工；荷花池汽车站将搬迁；金芙蓉大道金牛境内约 1km 完成全线拆迁；川陕路新都城区段改造开建
2012 年 10 月	交大路综合改造确保竣工；完成羊西线、解放北路、金牛大道综合整治改造工程
2012 年 12 月	成华区新建、改扩建 28 条道路，并增设 2 条匝道，同时启动昭觉寺片区的拆迁

数据来源：四川中原研究中心

城市 Market　楼事 Story　数据 Data

22.2 曹家巷 —— 旧城改造难题亟需破解

22.2.1 背景与现状

曹家巷，位于成都市东北一环以内，解放路以东、星辉路以北、府青路以西范围内，此次涉及改造的一、二街坊是华西集团于20世纪50、60年代所修建的集体宿舍。近年来，随着城市化进程的推进，成都市一环内早已改头换面，高楼林立，如曹家巷般如此大片建设于50多年前的住宅已不多见。

目前，曹家巷片区房屋存在着不同程度的安全隐患，属于危旧房范畴。近年来，其被要求改造的声音不断，但却因种种原因被搁置。在“5.12”地震之后，由华西集团牵头在原地兴建经济适用房的计划，已进入到立项审批阶段，但终究因条件未谈拢而终止。

图 22-1 成都市曹家巷区域示意图

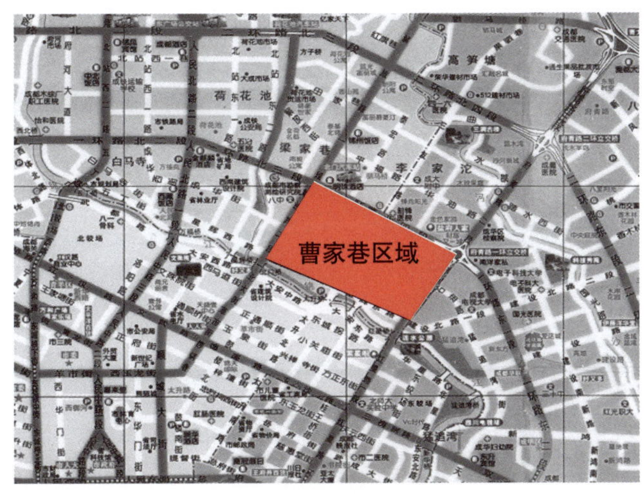

数据来源：四川中原研究中心

22.2.2 利益纠葛 问题复杂

旧城改造项目集中释放大量土地，改造完毕后开发商可取得一定的土地出让收益或实现曲线拿地，因此开发商对旧城改造兴趣颇浓。但曹家巷却由于情况复杂，并存在历史遗留等问题，一直乏人问津。

第一，土地性质问题。总所周知，曹家巷为华西集团为其职工所建，房屋性质为公房，土地属国有划拨土地。若改造，需先通过“招拍挂”的形式将其土地市场化；若真将其公开出让，杀出“程咬金”推高地价的可能性颇高。

第二，资金筹集问题。以东郊“腾笼换鸟”为例，将原来的厂房等进行拍卖，所筹措的资金可用于居民安置，但曹家巷占地面积仅为百余亩，成本高而利润薄。据相关部门统计，占地 110 亩的曹家巷改造资金竟达 30 亿元左右，令开发商望而却步。

第三，拆迁矛盾突出。一般来讲，位于市中心繁华位置的旧城改造项目，由于其地段的稀缺性，居民补偿期望值普遍较高。这使得各方利益难以平衡，是以往多次改造计划未能完成的症结所在。

成都市曹家巷待改造区域情况 表 22-2

拆迁范围	拆迁面积	居民人口	居民户数	房屋现状	房屋性质
曹家巷一、二街坊	110 亩	1.4 万余人	3542 户	D 级危房群	公房
居住人口背景	建筑年代	土地性质	改造方式	改造方案	
华西集团下属企业职工	1950~60 年	国有划拨	自治改造 需全体住户 100% 同意	原地返迁、旧换新小换大、一套房对应一个业主、返迁一套新房	

数据来源：四川中原研究中心

22.2.3 同类案例比较分析

与曹家巷困境相似的区域，在成都并不鲜见。但通过多年的摸索与尝试，并不乏成功拆迁改造的案例。

- 锦江区龙舟路 1 号南光厂宿舍

2008 年，作为模拟拆迁的首个试点，南光厂宿舍在不到 4 个月的时间内，完成了 372 户居民的搬迁。模拟拆迁作为近年来探索的新型拆迁模式，虽然在南光厂拆迁中获得了成功，但在 2011 年，大慈寺片区却由于地块模拟签约未达到约定的 100% 签约率，模拟拆迁按约终止。

从实际的案例来看，模拟拆迁存在着相当的不确定性，涉及地段越好，住户越多，其难度越大。近年来，政府在施行模拟拆迁时也坚持“一把尺子量到底”的阳光准则和退出机制，与以往“一定要拆”的情况有所不同。

图 22-2 成都市南光厂宿舍模拟拆迁步骤示意图

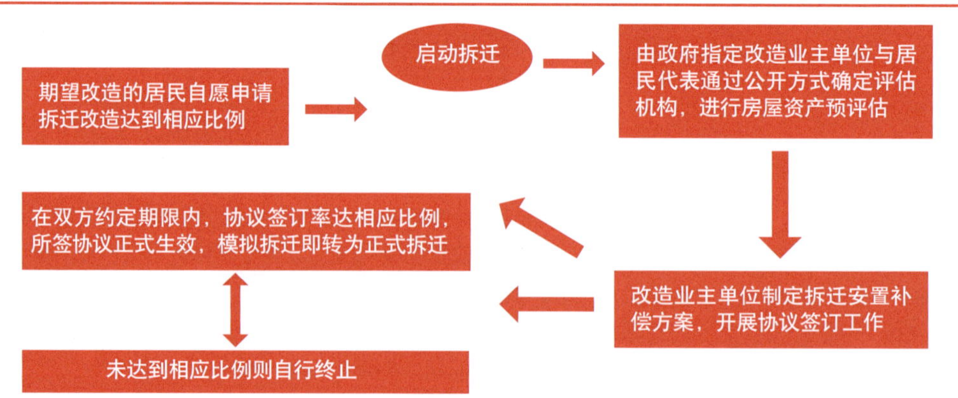

数据来源：四川中原研究中心

城市 Market
楼事 Story
数据 Data

成都市南光厂宿舍和大慈寺片区比较 表 22-3

项目	占地面积	建筑面积	涉及户数
南光厂宿舍	17.10 亩	17100m^2	373 户
大慈寺片区	39.25 亩	8749m^2	747 户

数据来源：四川中原研究中心

■ 金牛城市广场旧城改造项目

2009 年，金牛万达城市广场项目开始进行旧城改造，项目占地 203.6 亩，总投资 80 亿元，涉及的拆迁建筑面积共 29.71 万 m^2，涉及住房和个体营业房 3069 户，企事业单位 16 家。

土地整理完毕上市后，万达集团以 8 亿元的价格获得其中 193.64 亩土地，并修建原地返迁房约 30 万 m^2。目前，万达金牛广场项目销售及建设顺利推进。该项目不仅牵涉面广、人数众多、拆迁难度大，也有原地返迁的问题，但凭借着优越的地理位置，在开发商及地方政府的努力下，其改造最终顺利实施。

上述 2 个案例，虽然实际情况与曹家巷不尽相同，但也具有一定的参考意义。

22.2.4 发展前景展望

本次拆迁，曹家巷采用自治改造的方式进行，虽名称不同，但与南光厂、大慈寺片区的模式如出一辙：逐户征求住户意愿，待全体住户 100% 同意后才会实施，绝不“强拆”。于是问题出现：按照现有计划，以曹家巷 110 余亩土地安置 3000 余户进行估算，原地返迁后余下的土地将所剩无几，至多再规划少量商业配套设施，再加上居民对赔偿期望较大，拆迁条件十分苛刻，不仅吓退开发商，也让政府犯难。

北改号角吹响后，曹家巷改造被迫再次提上日程，但可用土地少、安置成本高、众口难调等矛盾将严重阻碍拆迁进程。综合考虑其实际情况及其他案例，预计曹家巷短时间内改造可能性较低。以曹家巷为代表的城中村具有一定的普遍性，也展现出由特殊年代延伸至今的特殊性。目前，成都市核心区域的旧城改造陆续推进，但这些区域对于整体房地产市场的影响十分有限。

旧城改造决不仅能释放大量土地，为房地产市场注入鲜血，还能美化城市及改善居民居住环境，提升城市形象。旧城改造是城市化进程中不可绕过的结点。理清问题的关键所在，科学合理地解决实际操作中的难题，对城市中处于重要地段的“城中村”进行安置，主要还需政府主导，让利于民。而要达到各方利益平衡、多赢的效果，则还需政府积极探索。

22.3 驷马桥——城北门户升级

驷马桥一直以来是城北的门户，连接着城北的大动脉——川陕路。由于长时间交通不畅，再加上受专业市场影响，其“脏、乱、差”严重影响整个区域的形象，驷马桥处于被遗忘的角落，区域价值严重低估，居住商务环境不佳，对高端商务人群缺乏吸引力。北改将使其面貌焕然一新，区域价值得到极大的提升。

图 22-3 成都市驷马桥片区示意图

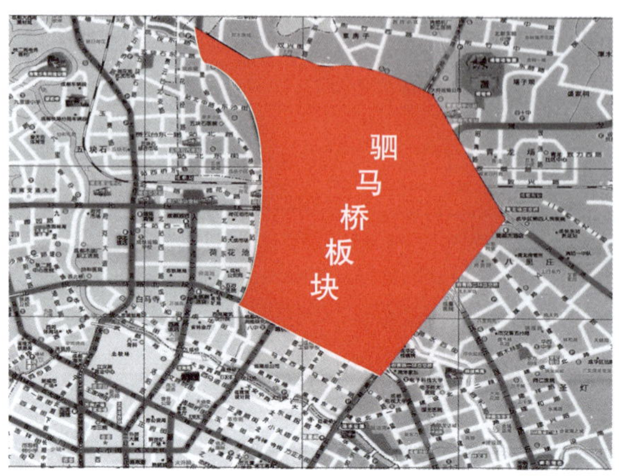

数据来源：四川中原研究中心

22.3.1 区位优势分析

驷马桥位于二环路现代服务业轴和成都城北商贸城衔接区域，南抵一环路，北达双荆路，东至府青路，西到北新干道，地理位置颇佳。按照《成都市城市总体规划（2003-2020）》中的描述，城市长期向南、向东、向北发展，驷马桥面临良好机遇。

驷马桥不仅地段优良，同时亦是极具文化的区域。司马相如和卓文君的爱情故事相传于此，一句“他日不驷马赤驾，誓不过此桥”，成就了驷马桥丰富的文化底蕴。就目前现状来看，区域文化价值尚待发掘。

新年伊始，北改被提上日程，政府意图加快城北区域的变革，而地理位置极佳的驷马桥区域备受关注。其中，川陕路将全面升级，打造为城北景观大道和主要交通干线，提升通行能力，缓解一直面临的交通压力。同时，驷马桥比邻昭觉寺和动物园等休闲娱乐场所，商业发展潜力巨大。随着区域面貌的全面改观，宜商宜居的自然环境将全面提升其区域价值。

22.3.2 政策扶持房企云集 区域价值彰显

与成都其他热点板块不同，驷马桥一直以来受关注程度较低。区域内缺乏高端住宅和大型商业配套，尚未形成一个真正的居住圈。交通不畅、人员杂乱、环境差等诸多因素成为该区域发展的瓶颈。随着北改全面进行，文化景观全面整治，再加上地处地铁 1、3、7 号线交汇处，驷马桥区域逐渐出现开发热。三友地产、通威集团、华宇、瑞安集团、金融城控股等实力开发企业纷纷入驻该区域，着力打造该区域成为城北中央居住区。

随着拆迁整理工作全面进行，大片土地具备出让条件，这为房地产后续开发提供足够的土地资源。随着政府全力支持，品牌房企持续深耘，商业生活交通配套日益成熟，驷马桥宜居价值得以显现，将逐步成为具有生活气息浓厚，商业氛围成熟的城北品质区域。

图 22-4 成都市驷马桥片区发展轨迹

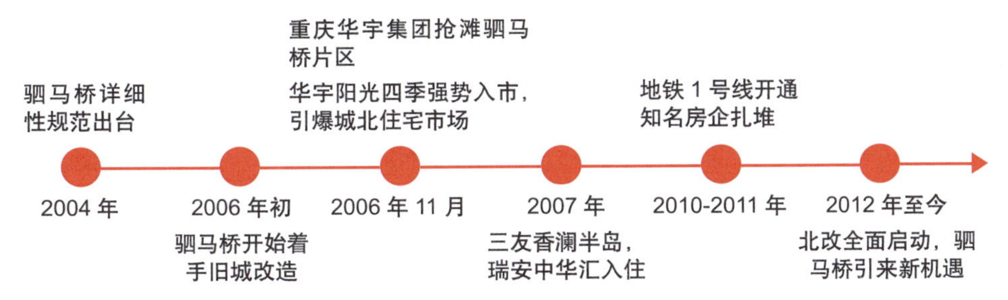

数据来源：四川中原研究中心

22.3.3 交通景观助推区域价值提升

驷马桥片区的交通将率先成为改造项目，包括新建改造多条道路。其中，川陕路驷马桥段将得到明显改善，通行能力大幅提高，道路景观全面改善，彻底改变目前交通混乱、人车混行的局面。城北 2.5 环逐步贯通，将使城北交通再度改观，极大提升知名开发商入驻率。

贯穿驷马桥片区的沙河景观得到全面治理，再加上沙河公园、升仙湖自然景观点缀，将使其成为城北不可多得生态景观片区及城北人文生态居住的模范区。良好的生态资源将使驷马桥区域居住价值得到实质性提升，为高端居住人群和商务人群提供宜商宜居环境。

图 22-5 成都市驷马桥交通景观图

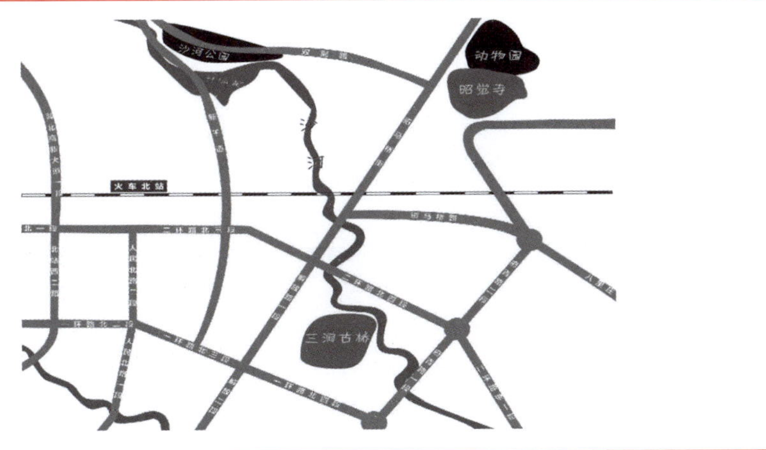

数据来源：四川中原研究中心

22.3.4 未来发展前景

■ 公共配套升级 区域形象进一步改善

作为本次北改四轴之一的川陕路历来引人关注。本次北改明确要求将川陕路打造成城北主要景观大道，彻底改变目前交通不畅、人车混乱的局面。区域内双荆路、城北2.5环、地铁多路线路汇聚，未来交通四通八达。沙河贯穿驷马桥整个区域，再加上沙河公园、升仙湖、三洞古桥等景观全面升级，驷马桥将成为与浣花溪板块比肩的宜居环境，居住价值将全面提升。

■ 品牌房企强势入驻 商业人气大幅提升

蓝光、华宇等房企率先抢滩驷马桥片区，三友、瑞安紧随其后，再到通威、泰业、金融城投资扎堆驷马桥，实力开发商纷纷看中这一价值洼地。香港瑞安集团将在驷马桥打造一个大型城市综合体项目，这有利于弥补驷马桥片区的商业配套，提升驷马桥的人气。随着品质楼盘不断涌现，该区域必将成为城市精英聚集之地，实现华丽转身。另一方面，驷马桥对周边以及城北发展具有很强的联动效应，将促进整个城北区域共同发展。

22.4 北城改造市场影响

随着城市产业不断升级，旧城改造被提上日程。改造前社区脏乱差，公共配套不完善，区域价值被贬损的状况将得到改善。北改将提升区域价值及城市配套，完善城市功能和促进消费升级。而大规模的旧城改造，对房地产市场的影响将体现在住宅供求、土地供应等多个方面。

22.4.1 对住宅需求的影响

■ 大量新增购房需求 促进市场成交回升

旧城改造必然涉及到拆迁安置问题。出于灵活性考虑，越来越多的拆迁户选择货币补偿，拆迁户购房需求十分强烈，属于购房需求中的“刚需”。这部分购房者的特点是持有资金充足，通常选择一次性付款，更多倾向于现房或准现房，一旦看中便立即下手，在一定时间内对新房及二手房市场成交有所促进。

■ 拆迁户租房需求集中 二手租赁市场表现活跃

手持补偿款的拆迁户也会有一部分选择租房过渡。由于安置需要时间，拆迁户和原拆迁地租户将需要大量租房房源。另一方面，旧房拆迁导致可出租的廉价房屋供应减少，再加上政府提供的廉租房有限，这势必导致租赁活跃，短期租金上涨。

租金是影响房地产买卖与租赁的主要因素。根据房地产对租金变化的调节规律，当租金提高时，资金将大量流向房地产市场从而造成两种结果：第一，房地产需求增加使楼价坚挺；第二，自住成本相对租住成本较低，吸引部分租客转向购房。

22.4.2 对土地供应的影响

随着房地产的快速发展，土地交易市场价格也逐步攀升，拿地成本越来越高，土地争夺日逐白热化，市区内土地已变得日益稀缺。旧城改造将会为房地产市场提供一定量的土地资源，一定程度上缓解开发商对市区土地的渴求。但旧城改造的土地毕竟有限，且多为优质地块，价格不菲，对降低土地成交价格没有太大意义。

同时，由于楼价高企，旧城改造成本高且拆迁难度较大，再加上旧城改造一般历时较长，土地供应时断时续，整体供应比例依然较低。

在未来一段时间内，因北改带来的住宅需求将在一定程度上刺激楼市，特别是城北楼市。位于1环至2.5环位置的优质地块在上市后也将成为开发商争夺的焦点。我们预计在未来数年内，城北楼市不仅会像其他方位一样向外延展，同时也将在原本发展滞后的城内段发力。

数据
Data
成渝

成渝

重庆地产数据

成都地产数据

第 23 章 重庆地产数据

23.1 房地产投资环境

重庆市历年房地产市场主要指标表（2011—2012 年上半年） 表 23-1

指标	2011 年	2012 年上半年
GDP（亿元）	10011.13	5307.19
GDP 增长率 (%)	16.40	14.00
固定资产投资额（亿元）	7631.80	3735.05
房地产投资额 (亿元)	2015.09	996.16
住宅投资额 (亿元)	1438.45	671.25
写字楼投资额 (亿元)	52.67	28.99
商铺投资额 (亿元)	218.03	110.55
商品房施工面积 (万 m^2)	20397.24	18056.30
住宅施工面积 (万 m^2)	15923.84	14005.93
写字楼施工面积 (万 m^2)	386.84	378.02
商铺施工面积 (万 m^2)	1956.25	1629.02
商品房新开工面积 (万 m^2)	6824.36	2823.97
住宅新开工面积 (万 m^2)	5214.42	2113.70
写字楼新开工面积 (万 m^2)	154.44	73.91
商铺新开工面积 (万 m^2)	708.12	231.81
商品房竣工面积 (万 m^2)	3424.33	1560.99
住宅竣工面积 (万 m^2)	2826.78	1257.10
写字楼竣工面积 (万 m^2)	44.77	18.53
商铺竣工面积 (万 m^2)	298.79	131.60
商品房销售额 (亿元)	2146.09	968.57
住宅销售额 (亿元)	1825.41	842.55
写字楼销售额 (亿元)	51.28	22.57
商铺销售额 (亿元)	216.58	85.83
商品房销售面积 (万 m^2)	4533.50	1868.94
住宅销售面积 (万 m^2)	4063.42	1700.30
写字楼销售面积 (万 m^2)	43.88	19.67
商铺销售面积 (万 m^2)	266.32	97.46

数据来源：重庆市统计局

重庆市主要房地产政策一览表（2011—2012 年上半年） 表 23-2

政策名称	颁布日期	实施日期	发布单位	对房地产市场的影响
重庆启动房产税改革试点	2011-01-27	2010-01-28	中央财政部	对独栋高档住宅、高档住房、非重庆户籍家庭新购第二套及以上住房进行征税
《重庆市物业专项维修资金管理办法》	2011-03-01	2011-03-01	重庆市政府	改大修基金以与售价挂钩的缴存标准为统一金额，实际降低了大修基金金额
《重庆市城镇房地产交易管理条例》	2011-05-27	2012-01-01	重庆市政府	改重庆执行了 10 年前按商品房的套内面积计价的方式为套内和建面的面积同时计价
《重庆市调整机关事业单位住房公积金缴存比例的通知》	2011-12-29	2011-10-01	重庆市政府	重庆市住房公积金缴存比例由 7% 统一调整到 12%
《建筑隔声门窗应用技术规程》	2012-05-22	2012-05-22	重庆市建筑节能协会	对住宅建筑、学校建筑、医院建筑、办公建筑等外窗和门的空气隔音性能做出具体规定
《重庆市土地房屋权属登记条例》	2012-05-24	2012-10-01	重庆市政府	对房屋登记中有争议内容进行规范

资料来源：重庆中原市场研究部

23.2 土地市场

重庆市历年土地出让主要指标表（2011—2012 年上半年） 表 23-3

	土地公告情况			土地成交情况			
	宗数	占地面积（万 m^2）	建筑面积（万 m^2）	宗数	占地面积（万 m^2）	建筑面积（万 m^2）	土地出让金额（亿元）
2011 年	314	2381.00	3966.40	258	2008.44	3114.89	636.25
2012 年上半年	133	1005.30	1644.50	134	971.49	1537.55	261.51

数据来源：重庆中原市场研究部

重庆市土地规划（2012 年） 表 23-4

住房建设用地供应总量（万 m^2）	保障性住房用地（万 m^2）		棚改房用地（万 m^2）	公共租赁房（万 m^2）	中小套型商品房用地（万 m^2）	三类用地占总量 (%)
	廉租房	经济适用房				
3292.80	41.10	445.90	47.30	348.20	2217.50	94.1

数据来源：重庆中原市场研究部

图 23-1 重庆市可建面积前 10 名的房企入驻分布图（2011—2012 年上半年）

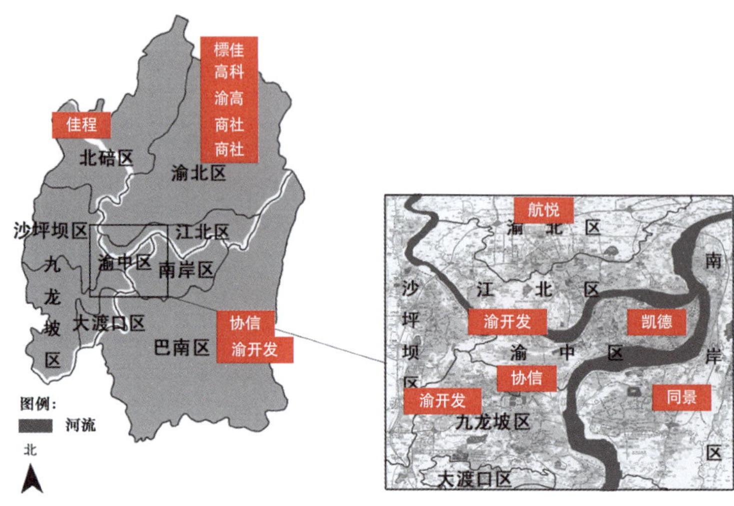

排名	开发商	区域	用地性质	地块面积（万 m^2）	可建面积（万 m^2）	总价（亿元）	楼面地价（元 /m^2）	日期
1	重庆高科	北部新区	商业金融业	1.97	7.61	1.92	2520	2012-01-17
		北部新区	二类居住	16.72	50.16	11.54	2300	2012-02-09
		北部新区	商业金融业	2.56	8.45	2.82	3333	2012-02-09
		北部新区	教育科研设计用地、商业金融业用地	13.68	41.26	10.15	2460	2012-03-07
		北部新区	商业设施用地、商务设施用地、二类居住用地	12.09	26.41	6.59	2495	2012-04-26
		北部新区	一类居住、二类居住	14.85	18.19	5.37	2955	2012-04-26
		北部新区	二类居住用地	9.58	19.16	4.13	2157	2012-04-26
		北部新区	二类居住用地	14.06	28.11	6.17	2195	2012-04-26
		北部新区	二类居住用地	6.26	12.50	3.14	2509	2012-04-26
		北部新区	二类居住用地	3.20	9.60	1.95	2027	2011-09-28
		北部新区	二类居住、商业金融业用地	7.84	27.44	5.46	1989	2011-09-29
		北部新区	二类居住、商业金融业用地	4.14	14.48	2.88	1989	2011-09-29
		北部新区	二类居住用地	3.62	10.87	2.20	2027	2011-11-24
		北部新区	二类居住用地	1.87	3.75	1.00	2665	2011-11-24
		北部新区	二类居住	5.90	14.74	3.54	2404	2011-12-31
		北部新区	商业金融业用地	3.07	11.55	2.91	2520	2011-12-31
2	重庆渝高	北部新区	二类居住	16.72	50.16	11.54	2300	2012-02-09
		北部新区	二类居住用地	7.92	14.26	3.13	2194	2012-03-07
		北部新区	商业设施用地、二类居住用地	5.80	11.61	3.06	2635	2012-04-26
		北部新区	商业设施用地	2.84	2.84	1.05	3720	2012-04-26
		北部新区	二类居住用地	14.94	29.89	6.73	2250	2012-04-26

排名	开发商	区域	用地性质	地块面积（万 m^2）	可建面积（万 m^2）	总价（亿元）	楼面地价（元 $/m^2$）	日期
		北部新区	二类居住用地、商业设施用地	8.31	11.67	3.16	2707	2012-04-27
		北部新区	一类居住	14.22	14.22	4.98	3500	2012-04-27
		北部新区	二类居住用地	11.22	22.44	4.93	2195	2012-04-27
		北部新区	商业金融业用地	1.78	6.21	1.25	2012	2011-01-11
		北部新区	商业金融业、二类居住	14.62	51.17	8.38	1637	2011-01-24
		北部新区	二类居住	8.69	17.38	4.85	2791	2011-01-24
		高新区	二类居住用地	4.87	15.15	3.52	2324	2011-08-10
		北部新区	二类居住	5.90	14.74	3.54	2404	2011-12-31
		北部新区	商业金融业用地	1.05	2.09	0.65	3105	2011-12-31
		北部新区	商业金融业用地	0.83	1.66	0.36	2195	2011-12-31
3	重庆协信	渝中区	二类居住	2.35	8.38	1.64	1954	2011-01-24
		北部新区	二类居住	11.74	23.47	9.68	4125	2011-06-03
		北部新区	二类居住	13.12	32.81	10.83	3300	2011-06-22
		渝北区	一类居住用地	6.66	6.66	3.20	4800	2011-12-27
		巴南区	二类居住用地、商业金融业用地	12.62	22.42	2.86	1275	2011-12-13
		巴南区	二类居住用地	9.71	15.90	2.04	1282	2011-12-13
		巴南区	二类居住用地	14.32	25.15	3.23	1283	2011-12-13
		巴南区	二类居住用地、商业金融业用地	16.77	30.14	3.84	1273	2011-12-13
4	重庆航悦	渝北区	二类居住用地	15.35	16.12	1.93	1200	2012-02-01
		渝北区	二类居住用地、商业金融业用地	27.65	41.72	4.14	993	2012-02-01
		渝北区	二类居住用地、商业金融业用地	23.59	22.65	2.89	1275	2012-02-01
		渝北区	二类居住用地	21.39	25.77	2.85	1107	2012-02-01
		渝北区	二类居住用地	21.22	24.63	2.73	1106	2012-02-01
5	佳投资	北部新区	二类居住、商业金融业用地	23.54	59.98	17.27	2879	2011-12-01
		北部新区	二类居住用地	12.22	18.33	9.16	5000	2011-12-01
		北部新区	二类居住用地	16.22	24.33	12.17	5000	2011-12-01
6	重庆渝开发	巴南区	二类居住	1.79	3.23	0.51	1582	2012-04-23
		九龙坡区	二类居住用地、商业金融业用地、一类居住用地	18.75	21.74	2.61	1200	2012-04-23
		渝中区	二类居住、商业金融业、文化娱乐用地	5.17	51.00	14.83	2907	2011-01-26
		渝北区	二类居住用地兼容商业金融业用地	19.23	19.23	5.92	3080	2011-012-5
7	CMACHINA INVESTMENT 1PTE.LTD.（凯德中国）	渝中区	二类居住、商业金融业、广场用地、交通设施	9.18	81.70	65.36	8000	2011-11-28
8	重庆商社	北部新区	文化娱乐、商业金融业用地	24.44	73.71	14.77	2003	2012-04-17
9	同景集团	南岸区	二类居住	3.11	12.44	1.87	1500	2012-01-18
			二类居住用地兼容商业金融业用地	21.64	59.80	18.85	3152	2011-11-09
10	佳程集团	北碚区	商业金融业用地、教育科研设计用地、二类居住用地	19.08	69.84	5.73	820	2012-03-16

资料来源：广州中原监测整理

图 23-2 重庆市 10 大热点地块（2011—2012 年上半年）

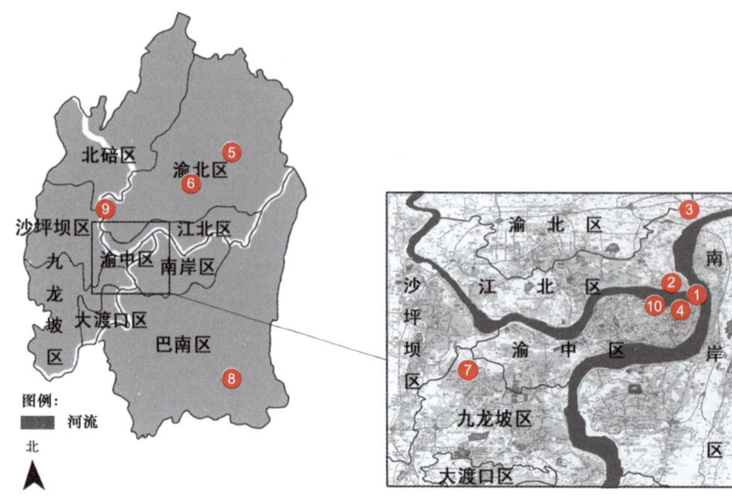

	地块名称	关注点	关注信息	开发商
1	渝中区渝中组团 D 分区 4-1/02 号宗地	2011 年总价最高的地块	成交总价：65.36 亿元	CMA CHINA INVESTMENT 1PTE.LTD.
2	江北区江北城组团 B 分区 B19-2/03 号宗地	2011 年楼面地价最高的地块	楼面地价：8090 元 / m^2	国华人寿保险股份有限公司、天平汽车保险股份有限公司
3	江北区铁山坪生态区配套服务区控规组团 B-2/04、B-3/04、C-1/03、C-2/03、C-3/	2011 年占地面积最大的地块	占地面积：32.74 万 m^2	重庆中冶红城置业有限公司
4	渝中区渝中组团 D 分区 4-1/02 号宗地	2011 年建筑面积最大的地块	建筑面积：81.7 万 m^2	CMA CHINA INVESTMENT 1PTE.LTD.
5	重庆市主城区两路组团 E 标准分区 E06-1/01 号地块	2011 年溢价率最高的地块	溢价率：182%	重庆汉东房地产开发有限公司
6	北部新区鸳鸯组团 I 标准分区 I6-1/04 号宗地	2012 年上半年总价最高的地块	成交总价：22 亿元	重庆力帆控股有限公司
7	高新区西永组团 Z 分区 42-01 地块	2012 年上半年溢价率最高的地块	溢价率：82%	重庆逸居乐实业有限公司
8	巴南区界石组团 T 分区 T3-2/01 地块	2012 年上半年占地面积最大的地块	占地面积：32.72 万 m^2	恒安（重庆）生活用纸有限公司
9	北部新区大竹林组团 O 标准分区 O19-2、O19-3、O19-5、O21-1、O21-5、O21-6、	2012 年上半年建筑面积最大的地块	建筑面积：73.7 万 m^2	重庆商社中天物业发展有限公司、重庆百货大楼股份有限公司、重庆商社汽车贸易有限公司 1PTE.LTD.
10	渝中区渝中组团 C 分区 33-1-1/04 号宗地	2012 年上半年容积率最高的地块	容积率：7.22	重庆财信房地产开发有限公司

资料来源：重庆中原市场研究部

图 23-3 重庆市居住用地量价分布图（2011 年）

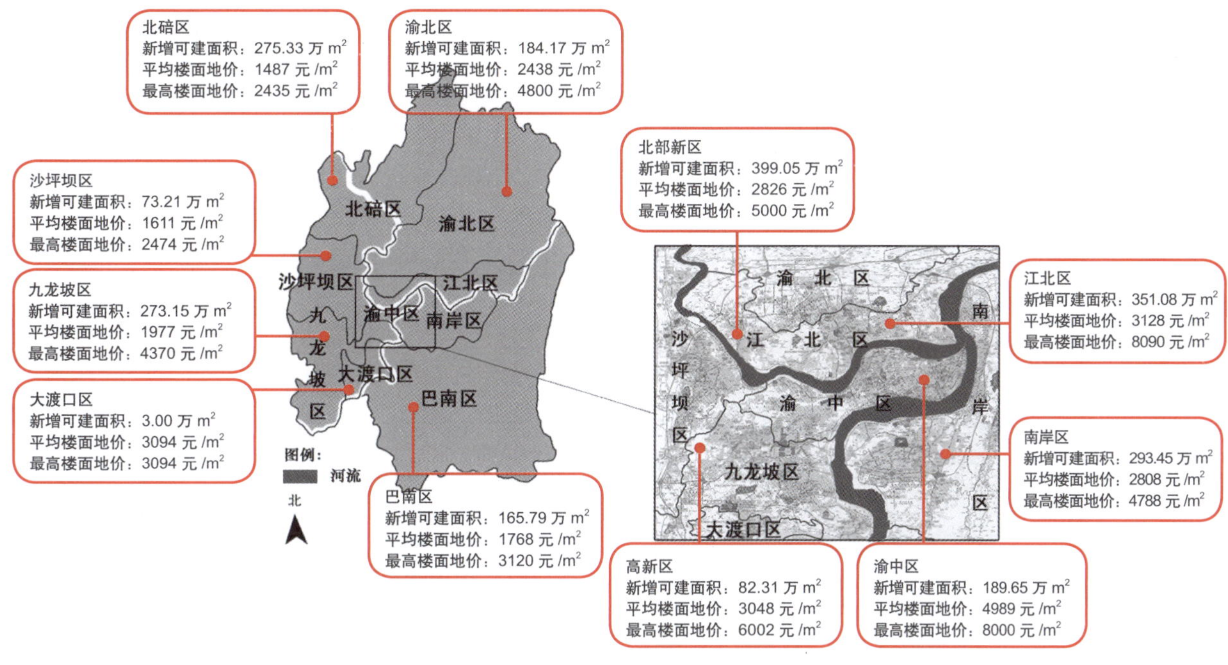

数据来源：重庆市土地交易中心

图 23-4 重庆市居住用地量价分布图（2012 年上半年）

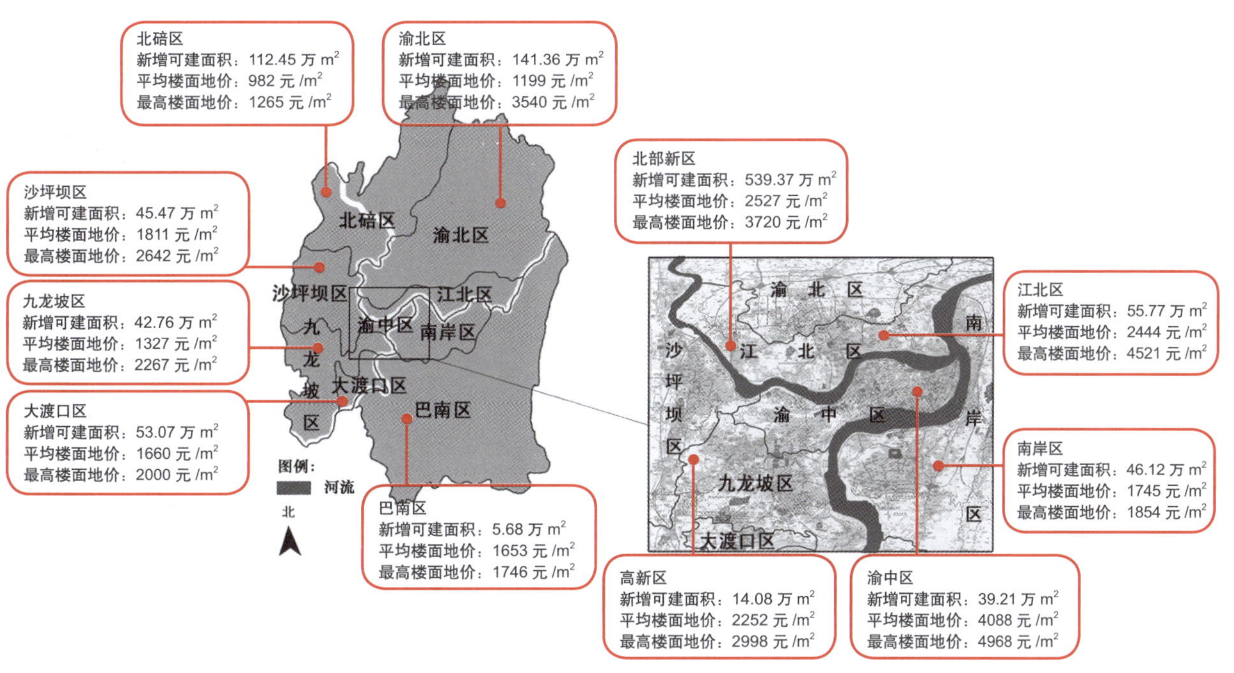

数据来源：重庆市土地交易中心

23.3 住宅市场

重庆市历年商品住宅市场主要指标表（2011—2012 年上半年） 表 23-5

时间	商品住宅市场			二手住宅市场
	批准预售面积（万 m^2）	预售登记面积（万 m^2）	销售额（亿元）	销售面积（万 m^2）
2011 年	1725.50	1482.89	1007.54	148.17
2012 年上半年	709.73	990.62	660.32	101.18

数据来源：重庆网上房地产

重庆市商品住宅供需情况表（2011—2012 年上半年） 表 23-6

区域	新增面积（万m^2）	销售情况			
		销售套数（套）	销售面积（万m^2）	成交金额（亿元）	成交均价（元/m^2）
渝中区	131.34	17772	169.57	160.50	9465
大渡口区	97.60	10464	102.04	62.85	6159
江北区	339.08	33677	332.24	246.83	7429
沙坪坝区	351.71	32764	292.01	176.88	6057
九龙坡区	280.30	35407	307.94	178.88	5809
南岸区	345.49	42025	348.54	236.28	6779
北碚区	82.80	9878	105.52	58.33	5528
渝北区	354.06	37378	320.62	208.69	6509
巴南区	224.02	19934	179.53	96.50	5375
北部新区	230.85	31423	315.50	242.13	7674

数据来源：重庆网上房地产

图 23-5 重庆市公寓售价前 10 名楼盘分布图（2011—2012 年上半年）

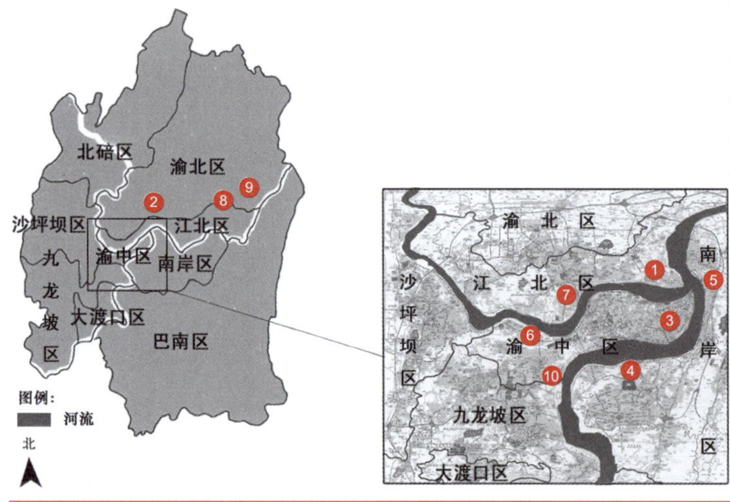

排名	楼盘名称	2011 年销售面积（万 m^2）	2011 年均价（元 /m^2）
1	寰宇天下	43.00	30000
2	加来金壹号	5.00	21000
3	协信公馆	16.00	21000
4	东原长江畔 1891	30.00	19000
5	长嘉汇	150.00	18000
6	重庆天地雍江悦庭	27.00	17000
7	龙湖春森彼岸	78.00	16000
8	金科公园王府	24.00	15500
9	动力国际	16.00	14200
10	龙湖时代天街	130.00	14000

资料来源：重庆中原市场研究部

图 23-6 重庆市别墅售价前 5 名楼盘分布图（2011—2012 年上半年）

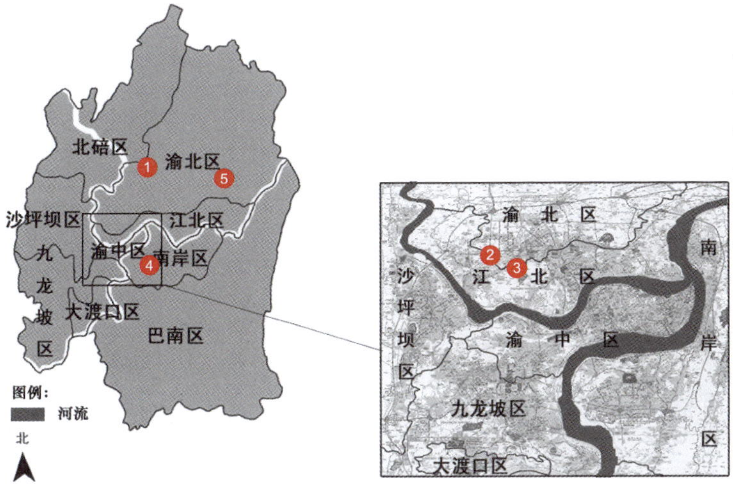

排名	楼盘名称	2011 年销售面积（万 m^2）	2011 年均价（元 /m^2）
1	万科渝园	14.00	25000
2	保利江上明珠	150.00	24500
3	嘉凯城北麓官邸	15.00	24000
4	天景 28 阙	4.00	24000
5	万科悦府	8.00	22000

资料来源：重庆中原市场研究部

图 23-7 重庆市新建住宅销售面积前 10 名楼盘分布图（2011 年）

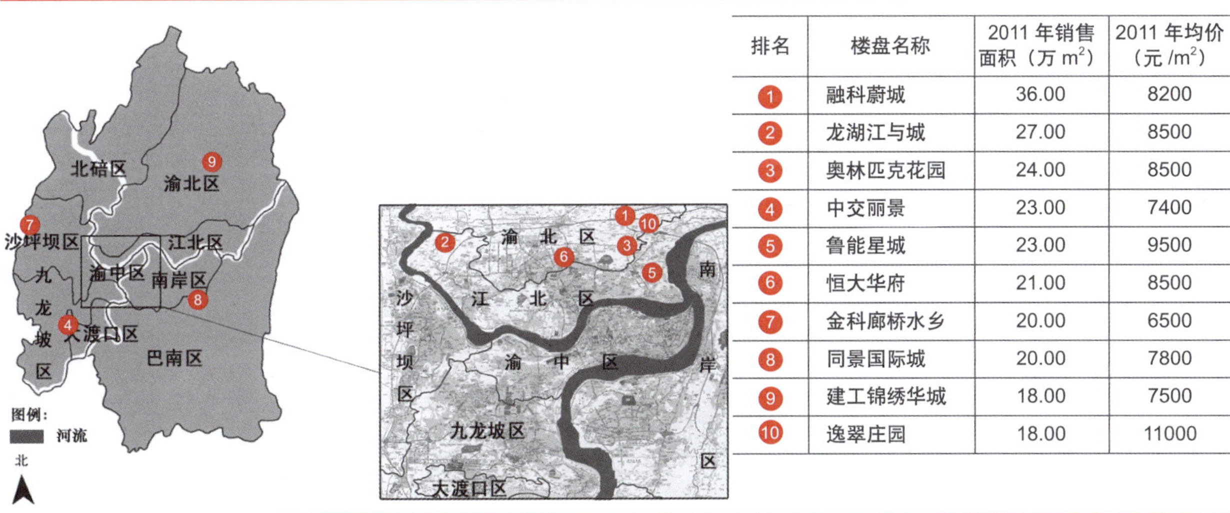

排名	楼盘名称	2011 年销售面积（万 m^2）	2011 年均价（元 /m^2）
1	融科蔚城	36.00	8200
2	龙湖江与城	27.00	8500
3	奥林匹克花园	24.00	8500
4	中交丽景	23.00	7400
5	鲁能星城	23.00	9500
6	恒大华府	21.00	8500
7	金科廊桥水乡	20.00	6500
8	同景国际城	20.00	7800
9	建工锦绣华城	18.00	7500
10	逸翠庄园	18.00	11000

资料来源：重庆中原市场研究部

图 23-8 重庆市新建住宅销售面积前 10 名楼盘分布图（2012 年上半年）

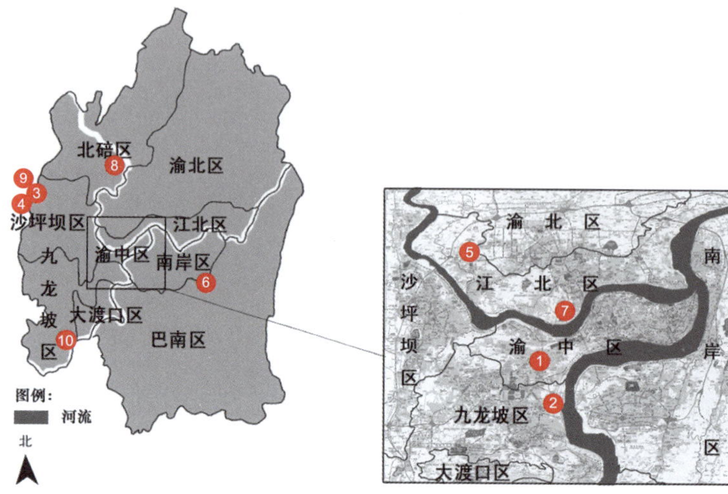

排名	楼盘名称	2011 年销售面积（万 m^2）	2011 年均价（元 /m^2）
1	万科锦程	22.00	10000
2	华润二十四城	14.00	8800
3	富力城	13.00	7300
4	金科廊桥水乡	11.00	6500
5	保利香雪	11.00	8100
6	金科世界城	10.00	7600
7	招商江湾城	10.00	10000
8	龙湖紫云台	10.00	9700
9	旭阳台北城	9.00	6700
10	和泓四季	9.00	6500

资料来源：重庆中原市场研究部

图 23-9 重庆市新建住宅 10 大热点楼盘分布图（2011—2012 年上半年）

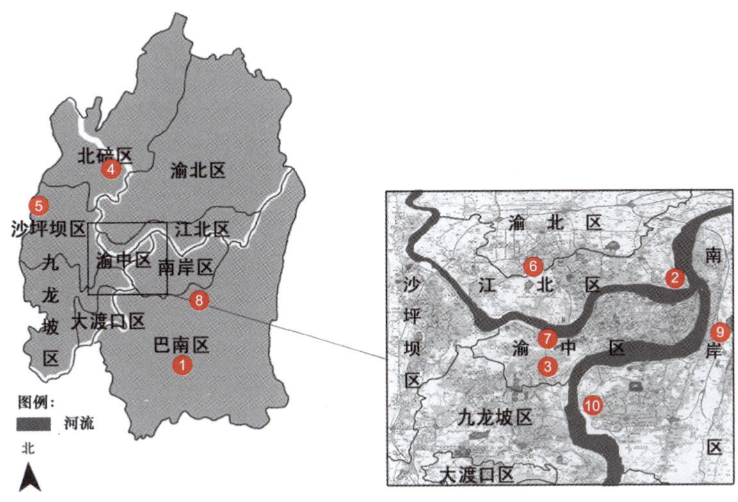

排名	楼盘名称	热点	建筑面积（万 m^2）	成交均价（元 /m^2）
1	保利小泉	容积率最低住宅	9.00	25000
2	寰宇天下	装修标准最高	43.00	30000
3	龙湖时代天街	最大城市综合体	130.00	14000
4	龙湖紫云台	销售速度最快	63.00	9800
5	龙湖 U 城	投资客比例最高	138.00	8400
6	龙湖源著	销售最好洋房	94.00	11700
7	重庆天地	最具投资潜力	27.00	17000
8	同景国际城	供应量最大	200.00	8000
9	长嘉汇	面积最大平层	150.00	18000
10	恒基翔龙江畔	性价比最高江景房	41.00	8200

资料来源：重庆中原市场研究部

23.4 写字楼商业市场

图 23-10 重庆市租金前 10 名的租赁型写字楼分布图（2011—2012 年上半年）

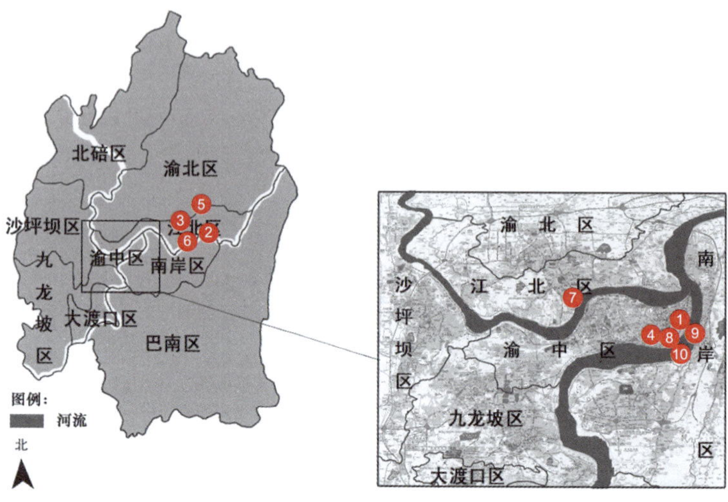

排名	楼盘名称	租金（元 /m²• 月）	建筑面积（万 m²）	入驻率(%)
1	万豪国际金融中心	140	1.68	83
2	未来国际	95	12.00	95
3	龙湖国际	95	5.00	99
4	国际贸易中心	95	4.03	97
5	龙湖水晶国际	90	3.00	95
6	同聚远景	90	4.40	95
7	协信中心	85	4.17	40
8	纽约纽约	85	4.20	95
9	新华国际	80	6.47	9
10	世界贸易中心	70	6.90	74

资料来源：重庆中原市场研究部

图 23-11 重庆市销售价格前 10 名的销售型写字楼分布图（2011—2012 年上半年）

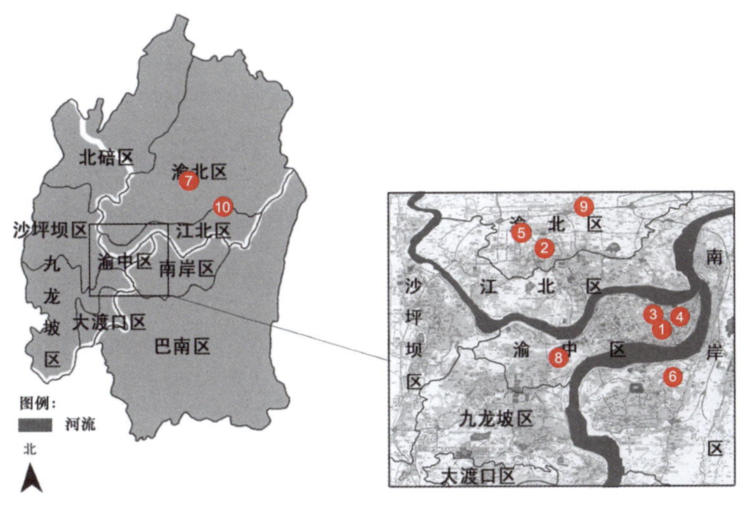

排名	楼盘名称	建筑面积（万 m^2）	售价（元 /m^2）	租金回报率(%)
1	英利国际金融中心	16.00	27000	6.0
2	财富中心・CDE	3.69	23000	8.0
3	威斯汀酒店	18.41	23000	5.0
4	联合国际	11.71	22000	6.0
5	两江山顶总部基地	32.52	22000	7.0
6	国会中心	14.30	20000	5.0
7	贝蒙盘古	5.50	18000	6.0
8	龙湖时代天街	130.00	16000	6.0
9	线外新境界	6.20	15000	6.0
10	动力国际	16.00	14000	5.0

资料来源：重庆中原市场研究部

图 23-12 重庆市销售面积前 10 名的销售型写字楼分布图（2011—2012 年上半年）

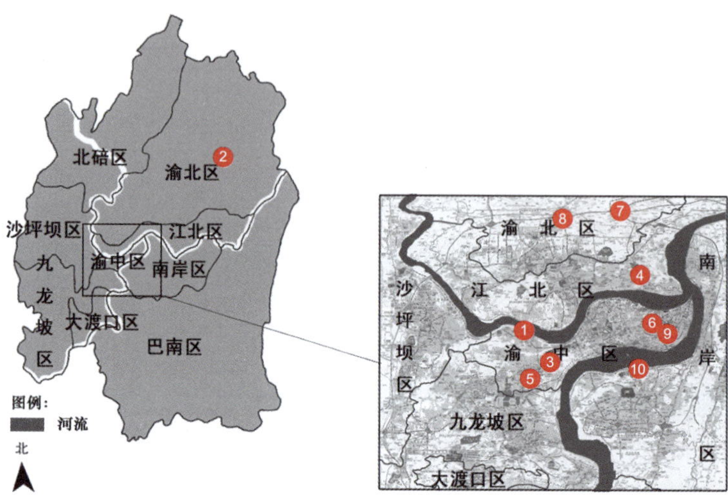

排名	楼盘名称	建筑面积（万 m^2）	售价（元 /m^2）	租金回报率（%）
1	重庆天地	9.30	14000	6
2	金开协信中心	7.10	16000	4
3	龙湖时代天街	5.20	16000	6
4	金融城	4.30	15000	7
5	中新城上城	3.10	14000	6
6	解放碑威斯汀酒店	2.90	23000	5
7	线外城市花园	2.60	15000	6
8	贝蒙盘古	1.70	20000	6
9	创汇首座	1.20	16000	5
10	长江国际	1.00	18000	6

资料来源：重庆中原市场研究部

重庆市写字楼售价季度走势（2011—2012 年上半年）

表 23-7

时间	2011 年第 1 季度	2011 年第 2 季度	2011 年第 3 季度	2011 年第 4 季度	2012 年第 1 季度	2012 年第 2 季度
售价（元 / m^2）						
全市	12713	13152	13035	13276	13441	13246
租金（元 /（m^2• 月））						
全市	57	60	60	60	57	58
解放碑商圈	58	62	64	63	62	63
观音桥商圈	57	57	55	55	51	51
甲级写字楼入驻率（%）						
全市	89%	88%	81%	81%	82%	83%
解放碑商圈	90%	92%	80%	80%	78%	77%
观音桥商圈	89%	84%	83%	83%	85%	92%

数据来源：重庆中原市场研究部

重庆市甲级写字楼市场未来供应项目（2012—2013 年）

表 23-8

项目名称	区域 / 商圈	开发商	预计竣工时间	占地面积（万 m^2）	建筑面积（万 m^2）	项目点评
重宾保利国际广场	解放碑	鼎瑞地产	2012-05	1.18	18.33	集合了国际超甲级写字楼、香格里拉酒店、顶级餐娱商业中心三大业态为一体的超高层建筑
重庆环球金融中心	解放碑	华迅地产	2013-12	0.58	20.40	位于解放碑 CBD 硬核中心，涵盖国际奢侈品购物中心，涉外 5A 甲级写字楼，铂金超五星级酒店和顶级服务公寓
玖玺国际	南坪	融创亚太实业	2012-12	4.73	32.00	位于长江大桥南桥头亚太路，核心区地标级都会综合体
皇冠国际	南滨路	浦辉房地产开发	—	6.84	26.00	位于南滨路中段，集酒店、写字楼、公寓、观江豪宅为一体的世界级滨江综合体
兴茂盛世银座	冉家坝	胜于蓝房地产	2012-03	—	1.46	以 5A 甲级写字楼的品质，开创有氧商务办公，倾力打造重庆第五代生态创意写字楼，并与 SM 大型购物中心、沃尔玛超市、百安居、兴茂美食广场共力缔造冉家坝商政主流生活圈
融恒时代广场	观音桥	睿林实业	2013-05	0.54	8.75	位于江北观音桥商圈步行街核心地段，涵盖 5A 级写字楼、大型商业广场等
江北嘴金融城 2 号	江北嘴	江北嘴置业	2012-12	1.94	26.00	项目位于重庆市未来的金融中心——江北嘴中央商务区核心地段，未来发展潜力巨大
美全 22 世纪	溉澜溪	美全置业	—	1.37	8.48	美全 22 世纪江北区政府旁流线型地标写字楼
康田凯旋国际	新牌坊	康田置业	—	1.51	10.84	位于新牌坊商圈，该区域地标性建筑之一

数据来源：重庆中原市场研究部

图 23-13 重庆市 5 大新增供应面积销售型商业项目分布图（2011—2012 年上半年）

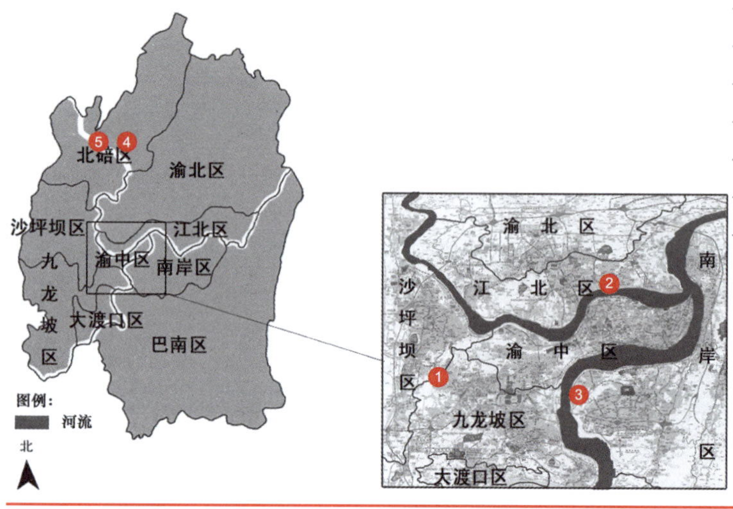

排名	楼盘名称	新增供应面积（万 m^2）
1	龙湖时代天街	3.00
2	国际社区	1.40
3	天福克拉广场	1.00
4	南方玫瑰城	1.00
5	重庆国际家纺城	1.00

资料来源：重庆中原市场研究部

重庆市 5 大销售型商铺新增供应一览表（2011—2012 年上半年） 表 23-9

项目名称	区域 / 商圈	类型	占地面积（万 m^2）	建筑面积（万 m^2）	售价（元 /m^2）	销售率（%）
天福克拉广场	南坪	商圈商铺	2.00	18.00	35000	50
国际社区	弹子石	沿街商铺	—	32.00	25000	50
龙湖时代天街	大坪	购物中心	25.00	18.00	14000	100
南方玫瑰城	回兴	沿街商铺	66.00	160.00	30000	30
重庆国际家纺城	回兴	沿街商铺	12.00	40.00	23000	95

数据来源：重庆中原市场研究部

重庆市商铺售价季度走势（2011—2012 年上半年） 表 23-10

时间	2011 年第 1 季度	2011 年第 2 季度	2011 年第 3 季度	2011 年第 4 季度	2012 年第 1 季度	2012 年第 2 季度
售价（元 / m^2）						
全市	25000	25000	30000	30000	30000	35000
租金（元 /（m^2• 月））						
全市	1400	1400	1500	1600	1600	1700
解放碑商圈	1750	1800	2000	2000	2000	2000
观音桥商圈	1000	1000	1000	1500	1500	1500

数据来源：重庆中原市场研究部

第 24 章 成都地产数据

24.1 房地产投资环境

成都市历年房地产市场主要指标表（2011—2012 年上半年）　　表 24-1

指标	2011 年	2012 年上半年
GDP（亿元）	6854.60	3951.40
GDP 增长率（%）	15.20	13.30
固定资产投资额（亿元）	5006.00	2775.06
房地产投资额 (亿元)	1595.60	884.24
住宅投资额 (亿元)	1438.45	535.11
写字楼投资额 (亿元)	52.67	51.73
商铺投资额 (亿元)	218.03	118.17
商品房施工面积 (万 m^2)	20397.24	11740.28
住宅施工面积 (万 m^2)	12872.40	8369.68
写字楼施工面积 (万 m^2)	386.84	586.59
商铺施工面积 (万 m^2)	1956.25	1167.11
商品房新开工面积 (万 m^2)	6824.36	1550.91
住宅新开工面积 (万 m^2)	5214.42	997.23
写字楼新开工面积 (万 m^2)	154.44	113.87
商铺新开工面积 (万 m^2)	708.12	219.92
商品房竣工面积 (万 m^2)	3424.33	693.02
住宅竣工面积 (万 m^2)	2826.78	590.24
写字楼竣工面积 (万 m^2)	44.77	14.61
商铺竣工面积 (万 m^2)	298.79	32.68
商品房销售额 (亿元)	2146.09	788.33
住宅销售额 (亿元)	1825.41	652.92
写字楼销售额 (亿元)	51.28	49.34
商铺销售额 (亿元)	216.58	72.15
商品房销售面积 (万 m^2)	4533.50	1172.67
住宅销售面积 (万 m^2)	4063.42	1025.59
写字楼销售面积 (万 m^2)	43.88	48.92
商铺销售面积 (万 m^2)	266.32	56.92

数据来源：成都市统计局

成都市主要房地产政策一览表（2011—2012 年上半年）

表 24-2

政策名称	颁布日期	实施日期	发布单位	对房地产市场的影响
关于执行居民家庭在本市主城区限购住房政策几个具体问题的通知	2011-02-15	2011-02-15	成都市城乡房产管理局	作为史上最严厉政策的地方版本，《通知》从保障房、信贷、税收、行政等多方面着手，同时包含此前从未出现的限购令，对后期楼市走向产生重大影响
关于完善建设用地指标交易制度促进农村土地综合整治的实施意见	2011-04-13	2011-04-13	成都市国土局	新版“地票”制度，持证准入变持证准用，取消进入门槛，同时对此前不完善的部分进行修订，多方面堵漏，避免过度炒作
关于进一步加强商品住房价格监管的通知	2011-04-01	2011-04-01	成都市城乡房产管理局 成都市发展和改革委员会	明确规定了房屋价格的优惠幅度，也对开发商擅自提高报价的行为进行规范，规范开发商的无序销售行为，抑制房价出现过快上涨的情况，尽量减缓购房者的恐慌情绪，有利于市场公开、公正、透明化
《成都市中心城区大型城市综合体项目规划管理补充规定（试行）》	2012-05-09	2012-06-09	成都市规划局	针对成都大量城市综合体集中出现，疯狂膨胀现象，对综合体项目的规模、道路交通状况、选址等进行详细规定
《关于进一步推进北城改造有关政策的意见》	2012-04-10	2012-04-10	成都市政府办公厅	对“北改”所涉及的规划、土地、项目报建、房屋征收、财政税收等方面的政策予以明确

资料来源：四川中原数据库

24.2 土地市场

成都市历年土地出让主要指标表（2011—2012 年上半年）

表 24-3

	土地公告情况			土地成交情况			
	宗数	占地面积（万 m^2）	建筑面积（万 m^2）	宗数	占地面积（万 m^2）	建筑面积（万 m^2）	土地出让金额（亿元）
2011 年	76	370.00	1074.40	68	362.30	1207.10	249.67
2012 年上半年	42	168.00	677.10	34	132.00	491.30	106.21

资料来源：四川中原数据库

图 24-1 成都市可建面积前 10 名的房企入驻分布图（2011—2012 年上半年）

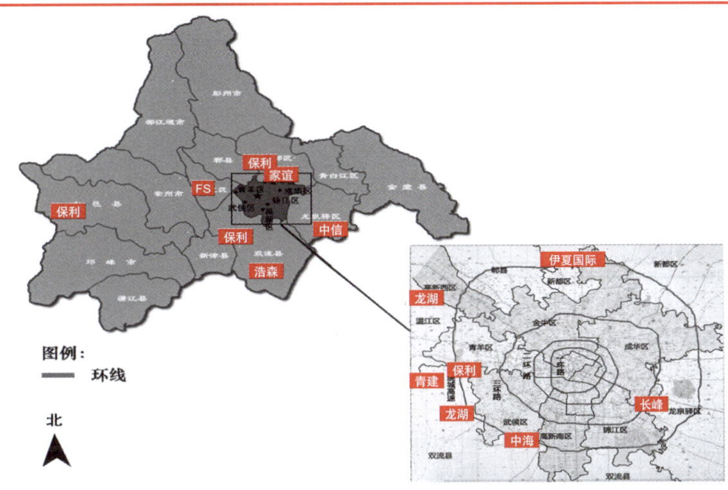

排名	开发商	区域	用地性质	地块面积（万 m^2）	可建面积（万 m^2）	总价（亿元）	楼面地价（元 /m^2）	日期
1	龙湖	高新西区	商住	15.85	63.40	5.26	830	2011-02
		高新西区	商住	14.72	58.87	4.89	830	2011-02
		武侯区	商住	9.70	38.80	12.86	3315	2012-06
2	保利	高新南区	居住	5.05	15.16	8.41	5550	2011-01
		新都区	居住	18.58	55.73	5.71	1025	2011-06
		大邑县	居住	7.05	22.55	7.93	352	2011-12
		大邑县	居住	9.50	26.60	10.69	402	2011-12
		青羊区	居住	5.41	16.22	4.69	2890	2012-05
3	成都青羊城乡建设发展有限公司（简称：青羊）	青羊区	商业	8.24	24.72	2.90	1172	2011-12
		青羊区	商业	16.98	50.95	9.66	1896	2011-12
		青羊区	商业	14.56	43.70	10.83	2479	2011-12
4	上海长峰	成华区	商业	1.10	115.41	9.93	860	2011-02
5	四川浩森投资有限公司（简称：浩森）	双流县	商业	8.45	33.81	3.54	1046	2011-06
		双流县	商业	8.40	33.58	2.02	600	2011-06
		双流县	商业	8.30	33.18	2.49	750	2011-06
6	成都一号私人有限公司（简称：FS）	温江区	商业	16.20	97.21	6.32	650	2011-11
7	中海	高新南区	居住	11.90	43.99	14.52	3300	2011-05
		高新南区	居住	10.23	44.01	16.77	3810	2012-04
8	家谊地产	新都区	居住	7.70	23.11	3.52	1525	2011-12
		新都区	商业	8.22	41.12	4.56	1110	2011-12
		新都区	居住	7.39	22.18	4.21	1900	2012-03
9	中信昊园四川投资控股（简称：中信）	龙泉驿区	商住	12.76	82.92	2.87	346	2012-02
10	伊夏成都国际商贸城股份有限公司（简称：伊夏国际）	金牛区	商业	7.11	21.34	0.64	300	2011-07
		金牛区	商业	11.65	34.96	1.05	300	2011-07
		金牛区	商业	12.20	24.40	1.10	450	2012-01

数据来源：四川中原数据库

图 24-2 成都市 10 大热点地块（2011—2012 年上半年）

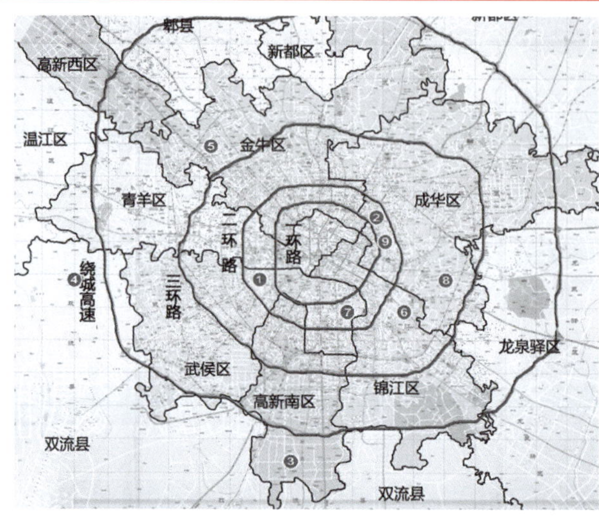

序号	地块名称	关注点	关注信息	开发商
1	高新区肖家河沿街以北，玉林中学以东地块	2011—2012 年上半年楼面地价最高地块	楼面地价：7080 元 / m^2	台湾远雄
2	成华区建设北路二段 4 号电子科大南院旧城改造项目地块	2011—2012 年上半年总价最高地块	成交总价：19.12 亿元	信远地产
3	高新区大源商务商业核心区 C4 地块	2011—2012 年上半年溢价率最高地块	溢价率：233%	四川省集美实业有限公司
4	青羊区内绕城高速西段外侧、光华大道以南、规划 20m 道路以东、江安河以北范围内，规划 22m 道路以东、规划 16m 道路以西地块	2011—2012 年上半年占地面积最大的商业用地	占地面积：16.98 万 m^2	成都青羊城乡建设发展有限公司
5	金牛区金牛 1 组和土桥场镇东街范围以内地块	2011—2012 年被交易最多次地块	3 次拍卖，遭遇 2 次流拍，第 3 次终于勉强底价成交	鸿丰恒居
6	锦江区攀成钢片区 4、7、8 号地块	2011—2012 年攀成钢板块最受瞩目地块	近一年半攀成钢板块面积最大、综合条件最优地块	韩国乐天集团
7	锦江莲桂西路以南、顺江路以北、规划道路以东、空军医院以西地块	2011—2012 年成交的十分低调但来头颇大的重磅项目，通过挂牌方式竞得，楼面价格仅 1100 元 / m^2	门里．东方荟酒店城市综合体项目，由一栋 88 层、333m 高的酒店，两栋 78 层、257.7m 高的公寓和一座集餐饮、展览、休闲为一体的桥梁建筑组成	成都宜佳信房地产开发有限责任公司（隶属门里集团）
8	成华区保和街道办事处辖区东虹社区 8 组，9 组、10 组，原胜利村社区 7 组、10 组，斑竹社区 8 组范围内	东客站板块首个重点项目	位于东客站板块与东村规划区域，首个进入运作的项目：龙之梦新城	上海长峰
9	成华区建设路锦电东苑地块	万科首个商业项目	万科进军商业地产后，在成都开发的首个项目	万科置业
10	金牛区天回镇街道木龙湾社区 8、9 组	2011—2012 年上半年楼面地价最低地块	商业用地，国际商贸城项目，楼面地价仅 300 元 / m^2	伊夏成都国际商贸城股份有限公司

数据来源：四川中原数据库

图 24-3 成都市居住用地量价分布图（2011 年）

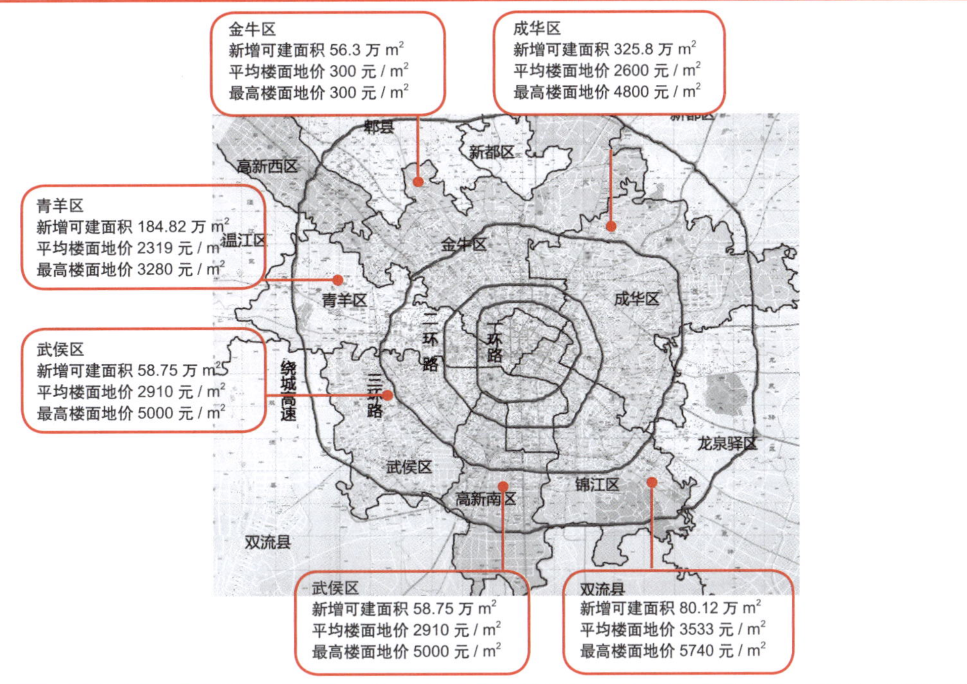

数据来源：四川中原数据库

图 24-4 成都市居住用地量价分布图（2012 年上半年）

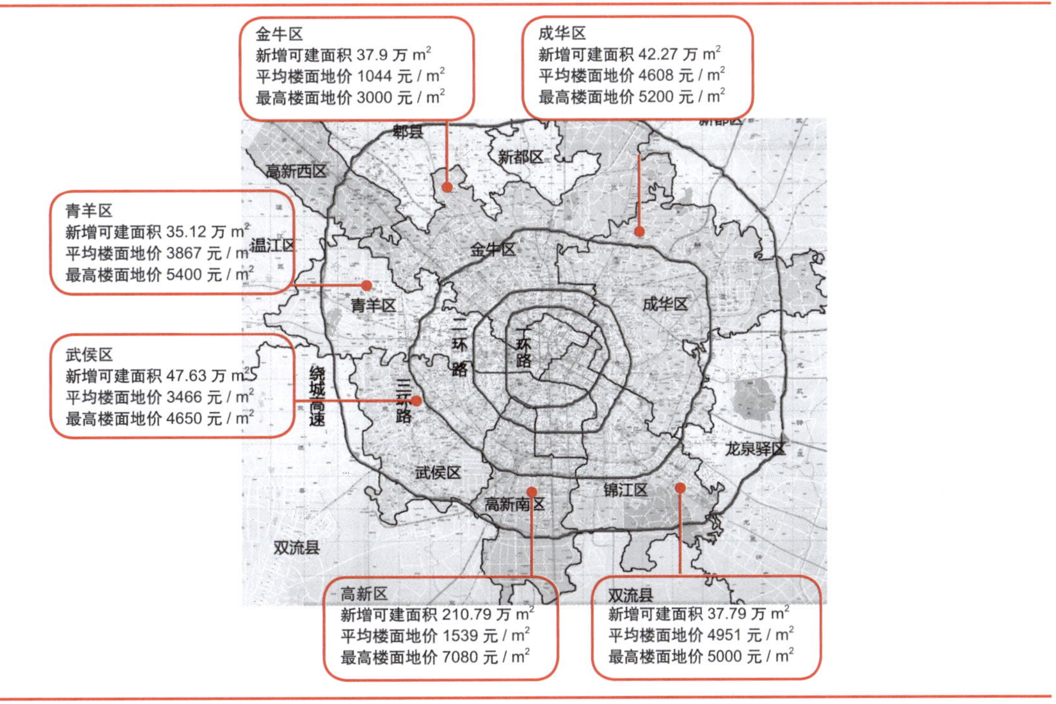

数据来源：四川中原数据库

24.3 住宅市场

成都市历年商品住宅市场主要指标表（2011—2012 年上半年） 表 24-4

时间	商品住宅市场			二手住宅市场	
	批准预售面积（万 m^2）	预售登记面积（万 m^2）	销售额（亿元）	销售面积（万 m^2）	销售金额（亿元）
2011 年	928.71	674.64	580.46	255.76	229.16
2012 年上半年	348.98	378.75	311.11	207.06	181.22

数据来源：四川中原数据库

成都市商品住宅供需情况表（2011—2012 年上半年） 表 24-5

区域		新增面积（万m^2）	销售情况			
			销售套数（套）	销售面积（万m^2）	成交金额（亿元）	成交均价（元/m^2）
中心区	锦江区	136.46	11439	111.55	94.17	8442
	成华区	212.25	15383	147.17	115.38	7840
	金牛区	195.27	14392	146.13	128.99	8827
	青羊区	181.52	15627	153.53	125.12	8150
	武侯区	174.53	15319	151.95	134.08	8824
	高新区	426.90	31273	343.09	289.84	8448
次中心区	双流县	571.72	43920	475.55	302.78	6367
	温江区	323.43	25171	273.39	144.10	5271
	龙泉驿区	253.66	22819	215.33	114.62	5323
	郫县	476.13	36933	346.51	173.84	5017
	新都区	454.96	37855	363.24	183.22	5044

数据来源：四川中原数据库

图 24-5 成都市新建住宅售价前 10 名楼盘分布图（2011 年）

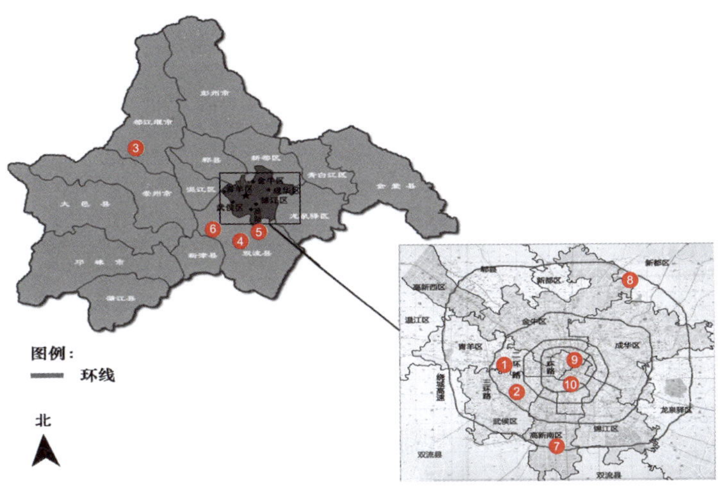

排名	楼盘名称	建筑面积（万 m^2）	2011 年均价（元 /m^2）	最近一次开盘均价（元 /m^2）
1	水映长岛	2.60	27204	23500
2	中海龙湾半岛	35.00	25758	21800
3	龙湖小院青城	11.00	25632	20500
4	蔚蓝卡地亚	29.00	25150	16700
5	三利宅院	11.00	24879	18500
6	亚特兰蒂斯	11.00	19000	19400
7	誉峰	38.00	18855	17000
8	保利拉菲庄园	200.00	17906	23200
9	朗御	7.70	17901	16500
10	时代豪庭	25.00	14820	17500

资料来源：四川中原数据库

图 24-6 成都市新建住宅售价前 10 名楼盘分布图（2012 年上半年）

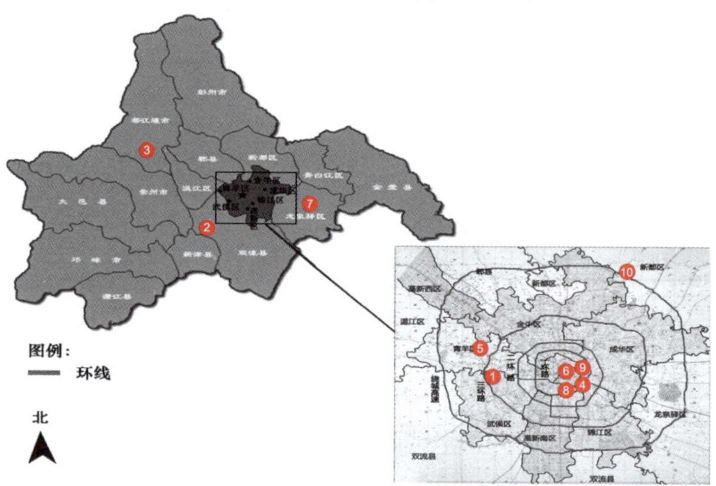

排名	楼盘名称	建筑面积（万 m^2）	2011 年均价（元 /m^2）	最近一次开盘均价（元 /m^2）
1	水映长岛	2.64	31500	28800
2	亚特兰蒂斯	7.07	23900	18400
3	龙湖小院青城	10.60	22800	17600
4	朗基望今缘	5.98	21600	20000
5	华润金悦湾	33.00	19800	21000
6	时代尊邸	55.00	18800	19000
7	中粮御嶺湾	20.26	18500	16400
8	朗御	7.71	18300	20000
9	时代豪庭	24.90	18000	18000
10	保利拉斐庄园	200.00	17800	20900

资料来源：四川中原数据库

图 24-7 成都市新建住宅销售面积前 10 名楼盘分布图（2011 年）

排名	楼盘名称	2011 年销售面积（万 m^2）	2011 年均价（元 /m^2）
1	交大万嘉	51.00	3500
2	南湖国际社区	45.00	7000
3	佳兆业丽晶港	25.00	5600
4	佳兆业君汇上品	20.00	5100
5	保利花园	17.00	8000
6	四季康城	17.00	4500
7	保利公园 198	17.00	6100
8	上锦颐园	16.00	5300
9	清水路苑	16.00	5200
10	麓山印象	15.00	15000

资料来源：四川中原数据库

图 24-8 成都市新建住宅销售面积前 10 名楼盘分布图（2012 年上半年）

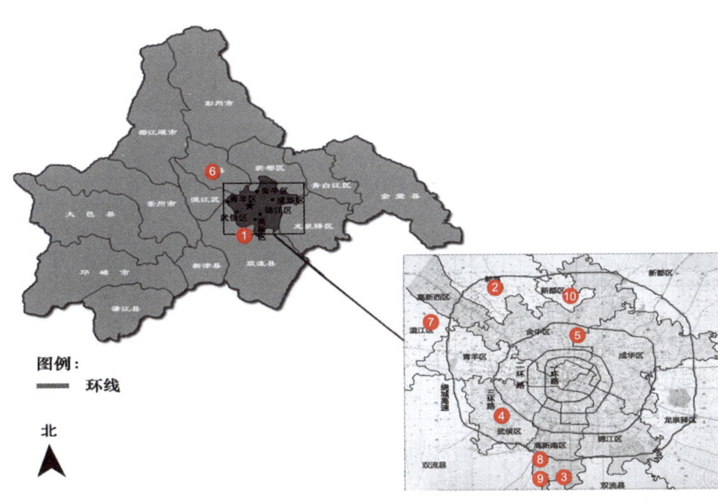

排名	楼盘名称	2012 年销售面积（万 m^2）	2012 年均价（元 /m^2）
1	佳兆业君汇上品	16.20	5100
2	合能四季城	11.60	5400
3	中德英伦联邦	9.90	7500
4	中海锦城	9.70	7000
5	绿地世纪城	9.60	6300
6	中冶田园世界	9.10	5200
7	置信学府杏林	8.70	4500
8	保利心语花园	8.40	8300
9	华润置地凤凰城	8.40	9000
10	保利城	7.90	5500

资料来源：四川中原数据库

图 24-9 成都市新建住宅 10 大热点楼盘分布图（2011—2012 年上半年）

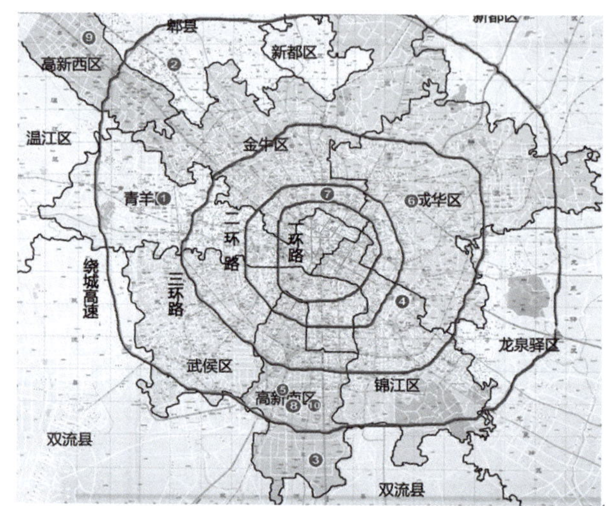

排名	关注点	楼盘名称	最近一次开盘均价（元 /m^2）	建筑面积（万 m^2）
1	性价比最高	光华逸家	7500	36.00
2	销量最好	合能四季城	5000	25.00
3	配套最好	中德英伦联邦	7500	100.00
4	升值潜力最大	成都 ICC	11000	20.53
5	标杆豪宅	誉峰	17000	38.00
6	高端景观豪宅	保利康桥	15000	34.04
7	最抗跌楼盘	金牛万达广场	10800	113.00
8	降幅最大	中海城南一号	13000	32.00
9	体量最大	龙湖时代天街	8700	183.00
10	日销量最快的别墅	中海城南官邸	20000	2.40

资料来源：四川中原数据库

图 24-10 成都市二手住宅价格涨幅前 10 名楼盘分布图（2011—2012 年上半年）

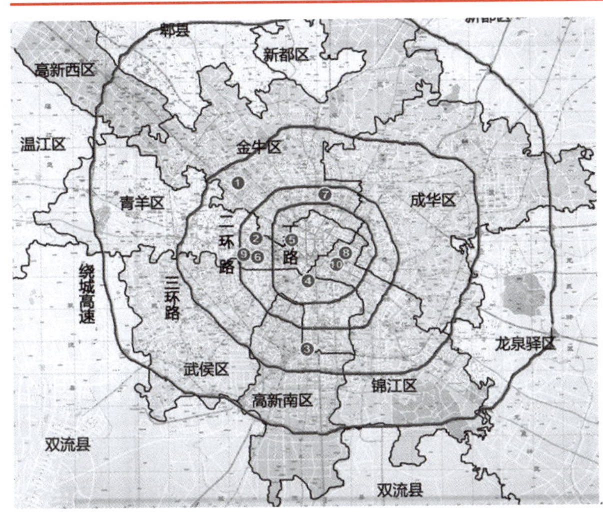

排名	楼盘名称	成交均价（元 /m²）	价格涨幅（%）
1	西岸观邸	8623	25.5
2	天合凯旋城	10863	25.4
3	南苑小区	13621	21.0
4	棕南阳光花园	8811	17.9
5	康河郦景	10105	15.0
6	嘉瑞苑华美居	10977	12.5
7	富丽碧蔓汀	12012	11.0
8	蓉上坊	12159	11.0
9	碧华邻	9698	8.0
10	晶蓝半岛	12878	7.0

资料来源：四川中原数据库

图 24-11 成都市二手住宅租金涨前 10 名楼盘分布图（2011—2012 年上半年）

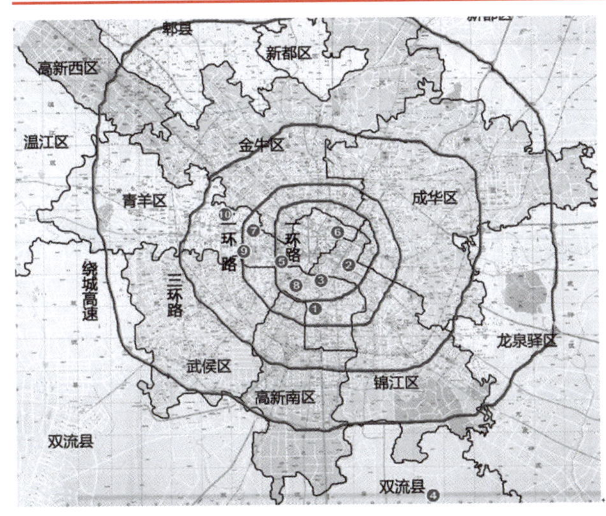

排名	楼盘名称	租金（元 /（m²• 月））	租金涨幅（%）
1	翔宇苑	21	50.0
2	朝阳名宅	20	33.3
3	SOHO 沸城	48	33.3
4	雅居乐花园	13	30.0
5	置信谊苑	22	29.4
6	晶蓝半岛	40	25.0
7	中大君悦金沙	27	22.7
8	棕北国际	39	21.9
9	成都花园	24	20.0
10	优品道	31	19.2

资料来源：四川中原数据库

图 24-12 成都市二手住宅租金回报率前 10 名楼盘分布图（2011—2012 年上半年）

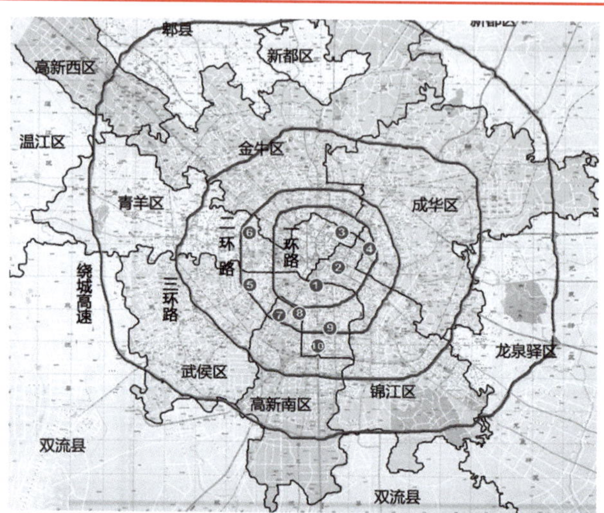

排名	楼盘名称	目前租金（元 / （m^2• 月））	租金回报率（%）
1	SOHO 沸城	48	5.3
2	世纪朝阳	30	5.3
3	晶蓝半岛	40	5.1
4	棕北国际	39	4.7
5	鹭岛国际社区	47	4.3
6	优品道	31	4.3
7	上海花园	38	4.1
8	翔宇苑	21	4.0
9	曼哈顿	30	3.7
10	天府长城	31	3.6

资料来源：四川中原数据库

24.4 写字楼商业市场

图 24-13 成都市租金前 10 名的租赁型写字楼分布图（2011—2012 年上半年）

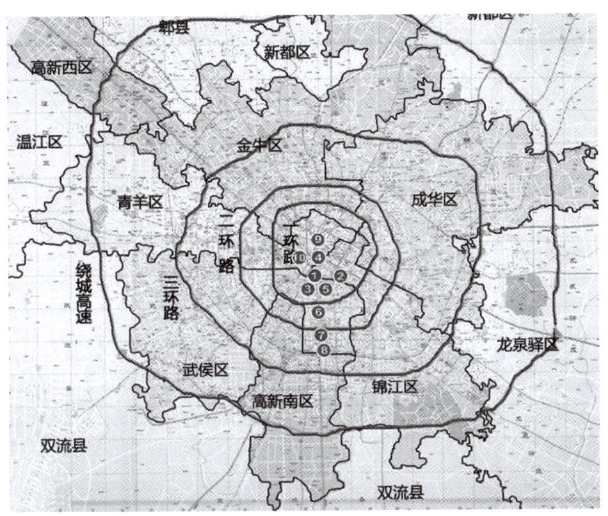

排名	写字楼名称	租金（元 /（m²• 月））	建筑面积（万 m²）	入驻率（%）
1	仁恒置地广场	166	6.46	87
2	香格里拉	139	4.40	92
3	汇日央扩广场	138	3.78	93
4	航天科技大厦	137	8.25	39
5	平安财富中心	128	3.90	63
6	威斯顿联邦大厦	124	2.02	95
7	国航世纪中心	124	8.40	95
8	新希望大厦	113	6.57	67
9	中环广场	111	7.82	93
10	城市之心	111	2.65	95

资料来源：四川中原数据库

图 24-14 成都市销售价格前 10 名的销售型写字楼分布图（2011—2012 年上半年）

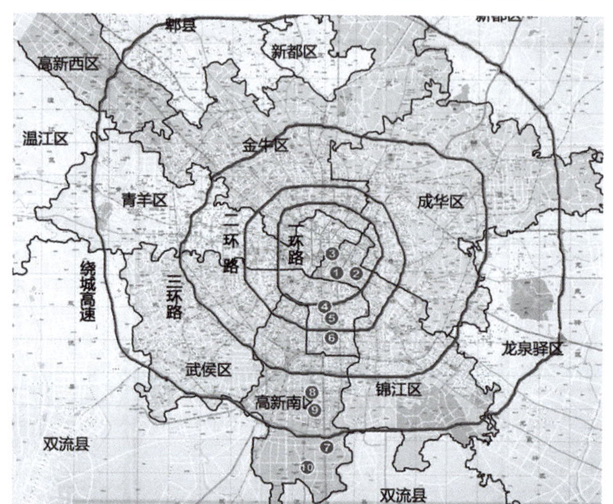

排名	楼盘名	成交单价（元 /m^2）	建筑面积（万 m^2）	租金回报率（%）
1	雄飞中心	21000	5.23	6.0
2	时代 8 号	19000	9.01	6.9
3	富力天汇中心	19000	6.11	6.3
4	大陆国际	18500	3.04	6.6
5	保利中心	18000	9.66	6.7
6	新希望大厦	18000	6.57	6.7
7	棕榈泉国际中心	18000	7.59	6.7
8	东方希望中心	15600	5.01	6.5
9	奥克斯广场	15000	4.10	6.8
10	福年广场	14000	4.47	6.9

资料来源：四川中原数据库

图 24-15 成都市销售面积前 10 名的销售型写字楼分布图（2011—2012 年上半年）

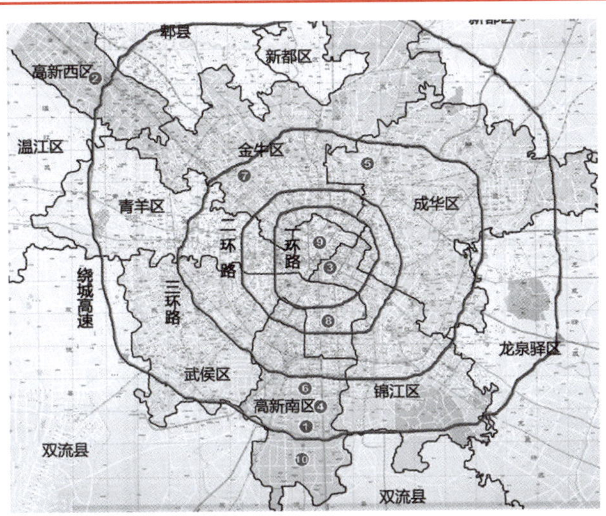

排名	写字楼名称	销售面积（万 m^2）	最近一次开盘售价（元 /m^2）	建筑面积（万 m^2）	租金回报率（%）
1	新世纪环球中心	26.42	14000	176.00	6.0
2	龙湖时代天街	6.21	10000	180.00	7.5
3	时代 8 号	6.07	21000	9.40	6.9
4	奥克斯广场	5.88	15000	56.00	6.8
5	东立国际广场	5.42	4700	34.00	6.3
6	中航城市广场	5.38	15000	20.20	6.8
7	金府国际	4.56	5980	20.00	6.4
8	保利中心	4.40	13700	39.00	7.2
9	富力史丹尼国际公寓	4.18	17000	11.00	7.0
10	蜀都中心	4.06	8000	26.00	6.5

资料来源：四川中原数据库

成都市写字楼售价季度走势（2011—2012 年上半年）

表 24-6

时间	2011 年第 1 季度	2011 年第 2 季度	2011 年第 3 季度	2011 年第 4 季度	2012 年第 1 季度	2012 年第 2 季度
售价（元 / m^2）						
全市	10664	11593	12272	11195	11577	10691
甲级写字楼租金（元 / m^2• 月）						
全市	110	113	113	114	117	118
市中心 CBD	118	119	120	120	120	121
人民南路	117	119	119	119	120	119
东大街	111	115	117	119	120	118
天府新城	95	98	97	99	108	115
甲级写字楼入驻率（%）						
全市	72	73	77	81	84	81
市中心 CBD	74	76	76	79	80	82
人民南路	78	81	82	85	87	87
东大街	73	74	79	86	89	71
天府新城	68	71	72	73	78	83

数据来源：四川中原数据库

成都市甲级写字楼市场未来供应项目（2011—2012 年）

表 24-7

项目名称	区域 / 商圈	开发商	预计竣工时间	占地面积（万 m^2）	建筑面积（万 m^2）
华置广场	市中心 CBD	华人置业	2013 年	3.73	43.00
国际金融中心	市中心 CBD	九龙仓	2013 年	5.60	76.00
明宇金融中心	东大街	明宇集团	2012 年	0.64	12.40
西部金融中心	东大街	明宇集团	2013 年	6.64	28.00
环球贸易广场	东大街	新鸿基、恒基兆业、九龙仓	2013 年	17.27	120.00
晶融汇	东大街	美国铁狮门	2012 年	2.53	17.60
睿东中心	东大街	太古地产、远洋地产	2013 年	7.08	6.40
大魔方	天府新城	成都传媒集团	2012 年	1.83	105.00
银泰中心	天府新城	银泰置地	2013 年	4.52	15.00

数据来源：四川中原数据库

图 24-16 成都市 6 大新增供应面积租赁型商业项目分布图（2011—2012 年上半年）

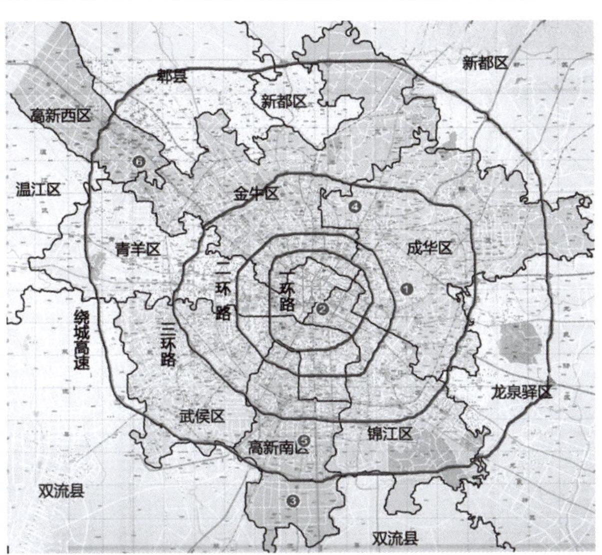

排名	项目名称	区域 / 商圈	类型	开业时间	占地面积（万 m^2）	建筑面积（万 m^2）	入驻率（%）
1	万象城	万年场商圈	购物中心	2012-05	4.60	31.76	85
2	地一大道	盐市口商圈	地下商业街	2011-12	—	10.00	90
3	金怡源购物中心	大源商圈	购物中心	2011-12	9.80	20.00	100
4	中营购物广场	驷马桥商圈	商业广场	2011-12	2.03	1.50	95
5	苏宁广场	新南天地商圈	购物中心	2011-09	3.67	13.00	80
6	中海国际购物公园	羊西商圈	购物中心	2011-07	6.33	8.00	100

资料来源：四川中原数据库

图 24-17 成都市 10 大新增供应面积销售型商业项目分布图（2011—2012 年上半年）

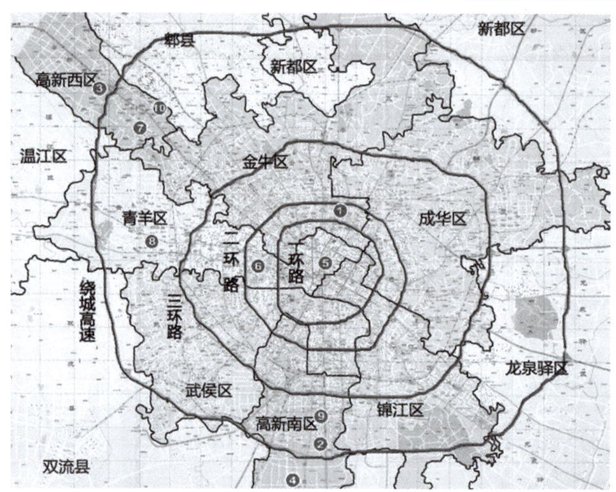

排名	项目名称	开发商	区域 / 商圈	类型	占地面积（万 m^2）	建筑面积（万 m^2）
1	金牛万达广场	万达集团	荷花池商圈	商业广场 / 住宅底商	12.91	113.00
2	新世纪环球中心	会展集团	天府新城商圈	购物中心	46.67	176.00
3	龙湖时代天街	龙湖地产	其他	购物中心	30.53	180.00
4	复城国际	复地集团	天府新城商圈	商业广场	3.92	23.00
5	雄飞中心	京谊地产	春盐商圈	商业广场	1.13	14.33
6	浣花国际广场	乐地投资	其他	商业广场 / 写字楼底商	1.88	11.66
7	中海国际购物公园	中海地产	羊西商圈	购物中心	6.33	8.00
8	中铁西城	中铁置业	光华新城商圈	购物中心	19.21	53.00
9	奥克斯广场	奥克斯投资	天府新城商圈	商业广场 / 写字楼底商	8.02	56.00
10	保利香槟国际	保利地产	羊西商圈	商业街 / 住宅底商	12.27	30.67

资料来源：四川中原数据库

成都市大型集中商业未来供应项目（2012—2013 年）　　表 24-8

项目名称	区域 / 商圈	开发商	预计竣工时间	占地面积（万 m^2）	建筑面积（万 m^2）
来福士广场	人民南路商圈	凯德置地	2012 年	3.20	26.70
凯德广场	新南天地商圈	凯德置地	2013 年	4.04	27.00
成都 339	猛追湾商圈	川塔恒远	2013 年	3.67	23.00
茂业中心	站南商圈	成商集团	2012 年	2.73	33.86
九方购物中心	站南商圈	中航地产	2012 年	1.98	20.00
国际金融中心	春盐商圈	九龙仓	2012 年	5.60	48.00
太古广场	春盐商圈	太古地产、远洋地产	2013 年	7.08	20.70
嘉信茂广场	沙湾商圈	嘉德置地	2013 年	2.80	22.00
中粮大悦城	外双楠商圈	中粮地产	2013 年	16.87	54.00
环球贸易广场	攀成钢商圈	新鸿基、恒基兆业、九龙仓	2013 年	17.27	51.00
金牛万达广场	荷花池商圈	万达集团	2013 年	12.91	113.00

数据来源：四川中原数据库

公司
Company
成渝

成渝

四川中原物业顾问有限公司

重庆（香港）中原营销策划顾问有限公司

四川中原物业顾问有限公司

一、公司简介

四川中原物业顾问有限公司是在成都注册的香港独资企业，是香港中原集团成员之一。公司成立于2002年，以成都为立足点，服务范围拓展至整个四川地区，以诚信专业的房地产综合服务商形象向周边城市辐射发展。

四川中原在业务上形成商品房全程代理、二手住宅和商业、写字楼中介服务3大营业板块，加上公司市场研究中心的专业支持，以稳健发展、优质服务在业界树立良好的形象。

二级市场营运中心：以一手项目代理为主业务，凭借强大的策划销售能力和丰富的操作经验，为客户提供土地评估、市场研究、前期策划、营销策划、销售代理及招商等服务。目前在售项目29个，包括摩玛城、西府少城、建发金沙里、中铁地产青秀城、时代晶科、时代8号、时代尊邸、华置西锦城、佳兆业君汇上品等知名楼盘。

三级市场住宅部：秉承中原集团“公开资讯、公平交易、不炒楼、不食差价”的经营理念，服务于中高端客户，致力于为客户提供二手房、豪宅、别墅的买卖、租赁一站式服务。目前分行数量32间，遍布成都各个方位。于2011年7月15日正式成立的豪宅部充分地整合了各分行优势资源，为客户带来更加尊贵独享的服务。

三级市场工商铺部：为客户提供中高档写字楼、商铺租售服务，服务过众多国内国际知名品牌和跨国企业。例如：东亚银行、耐克、宝岛眼镜、招商地产、锦天科技、太平洋人寿、三九集团等知名企业。

三级市场按揭部：坚持以诚信、专业、高效的工作方式和热忱、贴心、及时的服务理念为客户提供最全面的房屋买卖手续办理业务；坚持以收费透明、合理，让客户花最少的钱得到更多更好服务为工作准则。

四川中原现有员工1000余人，2011年销售物业金额超过50亿。四川中原作为成都地产代理行业的领头羊，历年来获奖无数：荣获成都房地产第三、四、六、七、八、九届金芙蓉杯 “年度杰出品牌经纪机构”；成都市房地产协会“2010年度地产杰出品牌经纪机构”；“2011年度成都市房地产经纪行业公益企业”；2010、2011“年度成都市房地产经纪行业优秀代理机构”；2010、2011“年度成都市房地产经纪行业优秀居间机构”；“2010、2011成都地产年度地产杰出营销顾问机构”；成都华西都市报“2010年年度最佳地产代理营销机构”；成都商报楼市总评榜2010、2011“成都楼市营销策划大奖”；第八届中国房地产网络人气榜“2011年度成都楼市竞争力品牌代理机构”；成都企业联合会2010、2011“成都市劳动关系和谐企业”等。四川中原是目前成都市场唯一在一、二手业务方面同样享有盛誉的专业代理中介公司。

四川中原立志于创建和谐健康的房地产综合服务商，推动行业市场的稳步发展，并矢志不渝地为之而努力。

二、主要部门简介

（一） 二级市场营运中心

1. 简介

四川中原二级市场营运中心是四川中原两大支柱机构之一，依托中原集团三十多年专业地产代理经验，立志做地产全程营销策略专家。营销代理以一手项目代理为主营业务，凭借强大的研究能力和丰富的操盘经验，为成都及四川地区多个项目提供全程营销服务，成为西南地区房地产企业的重要合作伙伴。

2. 业务范围

二级市场营运中心本着“综合地产服务商”的理念，为客户提供全程咨询、营销、代理服务。服务范围包括前期土地评估、专题市场研究、土地规划研究、产品设计、营销策略、形象推广及项目销售等一系列专业服务。数据中心提供项目支援服务，包括建立项目资料库及客户资料库等后勤服务，完善各管理系统。

3. 卓越操盘经验及资源整合优势

二级市场营运中心凭借强大的网络平台和客户资源库，整合一、二手联动，独家首创渠道营销，开辟中原地产营销的全新模式，使中原营销代理具备了其他同行无法企及的新高度。

主要代理项目

类 别	项目名称
代理项目	摩玛城、西府少城、建发金沙里、中铁地产青秀城、时代晶科、时代 8 号、时代尊邸、佳兆业君汇上品、华置西锦城、万景峰、奥克斯广场、恒创蜀都项目、浣花香、雅颂居、中国会馆、雍锦汇、中大君悦金沙、云立方、钻石广场、香博城、华侨城东岸、南湖半岛、蜀都一号、戛纳湾、雄飞中心、水映青城、礼顿山 1 号、华侨城纯水岸、百悦天鹅湖
策划 / 顾问	一品天下武侯项目、天知柳梧新区项目策划及销售顾问、九龙仓川棉厂项目、成都高端住宅市场研究、南充商业市场调研、金堂绿岛项目、龙泉项目市场研究、南充西山项目住宅市场调研、中集车辆园项目前期策划、和邦地产五通桥项目、置都龙泉商业广场、大旗聚业龙泉经开区工业园项目前期策划、戛纳湾四期项目前期策划、新城国际新园 1 号前期策划、富临桃花岛项目、龙腾国际 2 号地块

（二）　三级市场营业部

1. 住宅部

■ 简介

三级市场住宅部秉承中原“公开资讯、公平交易、不炒楼、不食差价”的优良传统，拥有门店40余家，提供尊贵独享的一站式服务，盘源系统全国联网，让员工共享资讯、提高效率，以优异成绩赢得了良好的市场美誉和行业地位。

■ 业务范围

三级市场住宅部致力于二手住宅租售，高档物业、酒店式公寓、别墅、洋房的租售等业务领域，配套服务更是涵盖风险管理部的专业法律咨询、交易按揭部的产权过户、按揭服务等方面的售后支持，为客户成就投资、置业、居家的梦想。

2. 工商铺部

■ 简介

四川中原工商铺部系香港中原集团四川分公司专门从事商业地产的部门，成立于2005年9月，也是西南地区最早从事商业地产营销的团队。工商铺部致力于为客户提供中高档写字楼、商铺租售代理服务，是众多国内国际知名品牌和跨国企业的租售代理。截止目前代理合作品牌几十家，独家代理销售与租赁项目十余个。工商铺下设写字楼部、商铺部、项目部等部门，以专业、迅速、公平的卓越服务，充分赢得客户信赖。

■ 业务范围

业务主要涉及:中高档写字楼、商铺的租赁和销售业务，提供项目租赁策划方案，并为客户提供专业的写字楼、商铺租售咨询以及流程协助和更系统化、人性化的售后服务，完善成交后续流程。

写字楼部业务范围包括：写字楼项目或地块前期顾问服务；项目可行性分析评估、市场研究调查分析；产品定位建议；价格定位建议；租售策略建议；写字楼租售代理；代办二手写字楼按揭业务、代收租金；提供专业、及时、准确的写字楼市场咨询；

商铺部业务范围包括：商铺租售代理；商场招商、策划代理；地块前期顾问服务； 机构及企业咨询服务；商场规划布局咨询服务；铺面选址策略；品牌商家的市场定位及开拓；项目可行性分析评估、市场研究调查分析；代办二手商铺按揭业务、代收租金；提供专业、及时、准确的商业市场资讯。

各区分行通讯录（更新至 2012 年 7 月）

区域	分行名称	地址	电话
东南区	锦官分行	成都市航空路 8 号附 8 号“时代阳光”2 栋 1 号（邮编：610041）	85238737/85237823
	锦绣分行	成都市武侯区棕北小区竹苑十二幢二单元一号（邮编：610041）	85253272/85237081
	棕南分行	成都市锦绣路 2 号（邮编：610041）	82007188/85221978
	天府长城分行	成都市高新区天久北巷 200 号（邮编：610066）	61551020/61551012
	东苑分行	成都市高新区三瓦窑街 202 号附 20、21 号（邮编：610041）	61554900/61557040
	南苑分行	成都市民丰大道西段 400 号 2 栋附 21 号（邮编：610041）	85975062/85975061
	九眼桥分行	成都市一环路南一段 2 号 1101 号（邮编：610064）	85231317/85356271
	世纪朝阳分行	成都市锦江区宏济新路 298 号 “世纪朝阳 2 栋底层营业房”362 号（邮编：610061）	82007988/84550918
	朝阳名宅分行	成都市锦江区莲桂西路 168 号（邮编：610021）	84510710/84511301
	晶蓝半岛分行	锦江区宏济中路 96 号（邮编：610021）	86750025/86750071
西南区	大世界分行	成都市武候区新光路 5 号附 10 号（邮编：610041）	85121228/85122718
	紫荆分行	成都市紫荆东路 96 号紫竹苑房号 78 号（邮编：610066）	85120772/85120705
	神仙树分行	成都市神仙树南路 29 号附 5 号（邮编：610041）	85162218/85155762
	欧城分行	成都市武侯区桐梓林南路 7 号附 4 号（邮编：610041）	85924636/85924632
	紫荆东路分行	成都市高新区紫荆东路 11 号（邮编：60041）	85197370/85197731
	浣花分行	成都市紫藤路 8 号附 17 号（邮编：610041）	87016873/87017287
	双楠路分行	成都市武侯区双楠路 275 号（邮编：610041）	85053328/85050628
	大华分行	成都市武侯区大华街 10 号附 39 号（邮编：610000）	87062738/ 7063120
	龙湾半岛分行	成都市武侯区龙腾西街 22 号（邮编：610041）	62069109/62069102
	瑞联分行	成都市瑞联路 3 号附 10 号（邮编：610091）	82008822/81707223
西区	金沙分行	成都市青羊区金鹏街 75 号（邮编：610091）	61500057/61500052
	中华家园分行	成都市青羊区家园路 9 号 7 栋 1 层 15 号（邮编：610000）	82008585
	金沙西园分行	成都市青羊区金阳路 110 号（邮编：610091）	81717521/81717704
	中大君悦分行	成都市青羊区蜀辉路 15 号（邮编：610091）	61967103/61967092
	光华美邻分行	成都市青羊区玉宇路 855 号 (邮编：610091)	61281073/61281048
	普罗旺斯分行	成都市金牛区蜀跃路 6 号 1 栋 3 单元 1 楼 3 号（邮编：610036）	61666241/61992741
	西锦城分行	成都市迎宾大道 165 号	87503590/61362129
南区	雅居乐分行	成都市双流县万安镇麓山大道二段 19 号 雅居乐花园一期 22-1-1-52 号、53 号 (邮编：610213)	61902262/61902002
	出水芙蓉分行	成都市双流县华阳街道利通路 1 号出水芙蓉 39 栋 1 楼 40 号商铺	65973608/65973606
东区	建设路分行	成都市成华区建设路 474 号（邮编：610000）	84257015/84257165
	三千里分行	成都市二环路东二段 5 号地块 6 幢 1 层 3 号（邮编：610051）	84296607/84298843
市中心区	合江亭分行	成都市锦江区天仙桥南路 5 号附 2 号 1 栋 1 层 2 号（邮编：610000）	86670084/86670321
	致民路分行	成都市武侯区龙江路 19 号锦宏骏苑北区商铺附 26 号 (邮编：610041)	85434446/85437293

各区分行通讯录（更新至 2012 年 7 月）

区域	分行名称	地址	电话
工商铺	财富中心分行	成都市锦江区大业路 6 号财富中心 C 座 10 楼（邮编 :610015）	86766516/86701504
	城南分行	成都市武侯区航空路丰德 万瑞中心 2 单元 22 层 03 单位（邮编：610000）	82006262/61555672
	理想中心分行	成都市高新区天益街 38 号 理想中心大厦 3 座 1 单元 11 层 137 单位 (邮编：610041)	85180269/85152182
	东门分行	成都市锦江区东大街牛王庙段 100 号商会大厦 1 栋 1 单元 5 层 502	61533239/61301359

截止到 2012 年 7 月分部情况

区域	分行名称	地址	电话
按揭部	按揭一部	成都市人民中路一段 28 号二手房交易市场二楼 D-203（邮编 :610017）	86279608/86279607
	按揭二部	成都市人民中路一段 28 号二手房交易市场二楼 D-208（邮编 :610017）	86279827/86279617

三、公司荣誉榜

获奖时间：2012 年
所获奖项：2011 成都楼市营销策划大奖
颁布机构：2011 中国（成都）楼市总评榜

获奖时间：2012 年
所获奖项：第八届中国房地产网络人气榜
2011 年度最具影响力品牌机构
颁布机构：搜房网

获奖时间：2012 年
所获奖项：第八届中国房地产网络人气榜
2011 年度成都楼市竞争力品牌代理机构
颁布机构：中国指数研究院 搜房网

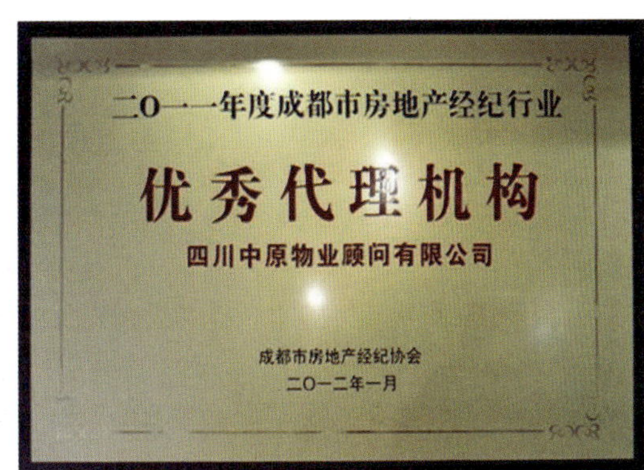

获奖时间：2012 年
所获奖项：2011 年度成都市房地产经纪行业优秀代理机构
颁布机构：成都市房地产经纪协会

获奖时间：2012 年
所获奖项：2011 年度成都市房地产经纪行业公益企业
颁布机构：成都市房地产经纪协会

获奖时间：2012 年
所获奖项：2011 年度成都市房地产经纪行业优秀代理机构
颁布机构：成都市房地产经纪协会

获奖时间：2012 年
所获奖项：成都市房地产第九届金芙蓉杯（2011）
成都地产年度杰出品牌经纪机构
颁布机构：四川日报报业集团
成都市城乡房产管理局

获奖时间：2012 年
所获奖项：成都市房地产第九届金芙蓉杯（2011）
成都地产年度杰出营销顾问机构
颁布机构：四川日报报业集团
成都市城乡房产管理局

四、专业形象展示

2012 年 1 月 5 日 二级市场营运中心讲师会暨 2011 优秀讲师表彰会

2012 年 1 月 12 日“再造一个新成都——2012 成都房地产机遇与挑战高峰论坛暨 2011 成都楼市品牌榜揭榜盛典”

2012 年 2 月 20 日 四川中原地产 2011 年精英会本年度第一次活动在老书虫餐吧隆重举行

2012 年 1 月 10 日 四川中原训练学院举办的《管人不如管环境》三级市场管理层顾问式培训

2011 年 8 月 25 日 香港九龙仓集团与四川中原召开“叱咤风云 抢钱金九”二三级联动誓师大会

2012 年 4 月 23 日成都市房地产经纪协会到四川中原地产财富中心总部进行参观、交流

五、企业文化展示

2011 年 11 月 5 日，由总经办、市场研究中心、法务部、资讯科技部组织的秋游活动如期在理县米亚罗毕棚沟风景区举行。这样的活动不仅让大家在忙碌的工作中放松了心情，也通过一路的旅程增进了大家的感情，增强了团队的凝聚力！

自精英会发起“慈善献真情，爱心再行动”以来，四川中原地产职工积极响应，为患病职工王磊献出一份爱心。本次活动共募捐 2.4 万余元，充分体现了四川中原地产员工之间团结互助的高尚情操和公司对员工的关爱之情。

2012 年 1 月 18 日，四川中原地产壬辰龙年“团结·信任·坚持·共筑 2012”主题年会在家园国际酒店隆重举行，这是中原亲人们一起吃的团夜饭！难忘今宵，让我们共同祝愿中原明天更好！

2012 年 3 月，四川中原二级市场营运中心首届辩论大赛精彩上演。经历两场小组赛和激烈的决赛，项目营运三部摘得辩论赛桂冠。本次比赛的举办不仅丰富了部门文化生活也彰显了参赛选手的专业度水平及个人魅力！

2011 年 9 月 9 日，四川中原地产第 6 届中原日活动——“缘“来就是你主题相亲会在花园城大酒店浪漫上映。千里姻缘一线牵，现场的男女嘉宾通过各项环节的互动游戏，加深了对彼此的了解与默契，最终有 3 对情侣牵手成功！

四川中原物业顾问有限公司

2012 年 6 月 2 日，四川中原工商铺部在省运动技术学院篮球馆展开一场别开生面的运动会。此次比赛加强了区域之间的联系，也加深了同事之间的交流与沟通。

2012 年 6 月 8 日下午，四川中原地产三级市场住宅部主持人选拔大赛在公司总部 10 楼培训室精彩上演。经过激烈的角逐和评委们反复斟酌，4 位优秀选手荣耀胜出，成为四川中原三级市场住宅部的御用主持人。

为加强部门凝聚力，丰富员工的业余生活，激励大家奋发向上、坚韧不拔的精神，6 月 20 日早上 8:00，以“积极、向上、团结、奋进、运动、健康”为宗旨的四川中原三级市场住宅部拔河比赛拉开了激战的序幕。

美丽心愿，插上翅膀飞翔；童年记忆，伴着喜悦成长。四川中原第二届宝宝秀在六一儿童节圆满结束。感谢所有参赛的可爱宝贝们！秀出童年精彩生活，丰富公司文化色彩，期待下一届更多宝宝们的光临！

2012 年 7 月 1 日，四川中原“联动共赢”杯男子足球决赛在电子科技大学内上演。这场激情四射的足球盛宴让我们看到了中原男儿的风采与他们精诚协作的团队精神。祝福这群男足们再创佳绩！

六、媒体采访剪影

2012年1月3日，中原集团黎明楷主席携手中原地产华南区总裁赖国强、中原地产华北及华西区总裁黄雄、中原地产华东及东北区总裁陆成等一行14人中原集团高层到访中国顶级中式别墅—中国会馆项目，并与成都中新悦蓉置业有限公司董事长甑志军在中国会馆举行了“论中国会馆项目发展和未来楼市走向”的高峰论坛。

论坛上，甑总首先代表中新悦蓉置业有限公司全体对中原集团高层到访中国会馆表示热烈欢迎，其次向黎主席讲述了打造中国平层大院的缘由。甑总强调中国不缺别墅，但中国缺具有自身文化底蕴的中式别墅。建筑不但是满足人民居住功能需求的实物空间，其背后所蕴藏的文化和精神更是反应了一个国家和民族的审美情趣和价值理念，是国家和民族文化软实力的重要体现。而就在此种背景下，在继承了传统四厢大院的特点基础上，运用现代材料和科技元素的中国会馆应运而生，中国会馆不仅满足人们的居住需求，更是对人们精神上的体现，是值得收藏和把玩的艺术珍品。

黎明楷主席代表中原集团对中国会馆项目给予了高度评价，黎主席站在专业房地产服务公司角度表示虽然受房地产政策影响，这个冬天很寒冷，但是中国会馆稀缺的产品特点是不受房产冷流影响的，是经得起市场考验的。

最后，中原集团高层就高端项目如何脱颖而出，中国会馆项目发展与甑总交涉了意见。此次高峰论坛取得了圆满成功。

时间：2012 年 01 月 3 日
媒体：好房 100 网
摘要：中原集团高层莅临中国会馆参与高峰论谈。

搜房 SouFun 资讯中心 搜房网 > 资讯中心 > 专访 > 正文 资讯搜

大话地产:2012春交会 到底迎来谁的春天?

www.soufun.com 房地产门户-搜房网 2012-05-10 08:14:00 来源：搜房网 毛华江 我要评论

[提要]今年的春交会呈现什么状况？它到底迎来谁的春天？未来成都楼市将何去何从？本期大话地产邀请到成都房地产行业业内精英作客大话地产，共同探讨市场热点。

导语：随着“五一”小长假的结束，第39届春季房产交易会也落下帷幕。在本届春交会上，传统品牌馆、轨交馆、二手房展区、家居建材等展馆满足着购房者需求，更有全新的天府新区馆、电子商务馆首现展会。今年的春交会呈现什么状况？它到底迎来谁的春天？未来成都楼市将何去何从？本期大话地产由搜房新闻部和成都搜房二手房合作，邀请到成都房地产行业业内精英做客大话地产，共同探讨市场热点。

本期大话地产到场嘉宾 来源：搜房网 （摄影：周大卫）

【本期嘉宾】（排名不分先后）

中原地产总经理助理 市场研究中心总监 卢华

成都链家房地产经纪有限公司 副总经理 魏强

资深地产人 樊邦勇

中原卢华：春交会首置比例大幅上升 房价或降5%

中原地产总经理助理 市场研究中心总监 卢华 来源：搜房网 （摄影：周大卫）

时间：2012 年 06 月 10 日
媒体：搜房网
摘要：总经理助理卢华女士接受采访。

第117期：邹玉棠：春寒料峭 成都楼市迎来"倒春寒"（2012年02月01日）

嘉宾

中原市场运营中心总经理 邹玉棠

春节期间的成交数据肯定是下降了的。我觉得这也是一个正常的情形，因为毕竟今年影响购买或者成交最大的问题还是在于客户的心理问题。一是对后市的不乐观，他们觉得现在的价钱还是有下降的幅度和空间，不是一个购买的好的时间。第二就是限购带来的心理压力比较大。

问题1：有数据声称春节七天长假期间商品房上海出16套，广州19套，深圳2套，成都22套……从已经发布的成交数据可以看出，春节期间重点一线城市楼市成交量全面下降，成交数据可谓难看。您觉得出现这种"倒春寒"的态势，基于哪几方面的原因？

问题2：刚才你谈到限购等政策的影响，我这里有个预测报告，就是日前人民大学经济研究所发布的《中国宏观经济分析与预测报告》，报告预测今年3季度中央政府可能逐步放松"限贷"，然后放松"限购"。对此，您怎么看？

问题3：能否详细谈下优惠的方式方法？如放松首套银行贷款、适当降低首套首付比例，商业贷款和公积金贷款并驾齐驱等？

详细

时间：2012 年 03 月 09 日

媒体：搜狐焦点网

摘要：二级市场营运中心总经理邹玉棠先生做客搜狐焦点网《高端访谈》专栏。

转变开发战略 注重产品文化

时间：2012 年 03 月 30 日

媒体：华西都市报

摘要：二级市场营运中心三部营运总监何涛观点专栏。

黑马与老牌都是相对的

成都报道：目前的市场下，代理机构是否有杀出黑马的可能？

兰飞：从目前的情况看，个别明星项目实现业绩增长的可能性虽然存在，但杀出全新黑马似乎不太可能。

尹平：有可能。如果他们打破了传统的营销模式，能够另辟蹊径而成功的企业，理论上是有这种可能性的。

钟学隽：个人认为代理机构的未来发展趋势将会围绕"渠道资源"为核心，这方面的比拼将是未来致胜关键。

邹玉棠：乱世出枭雄。我赞成"渠道资源核心"说。另外，我认为黑马很可能出现在商业地产这块。

成都报道：老牌代理机构是否会被拉下马？

兰飞：影响企业生存的因素很多，固步自封的企业无疑会走下坡路，但跟其是否"老牌"无关，老牌≠固步自封。

尹平：这种风险一直都存在，但不像其它行业那么明显。

张猛：代理机构如果跟不上市场变化，肯定会被淘汰，当然也包括老牌代理公司和占很大市场份额的代理公司。

钟学隽：老牌和黑马都是相对的。除了拥有资源和经验以外，更快速有效的销售渠道、更专业深度的复合服务，才可能站稳高位。

是骡子是马，比真功夫

成都报道：代理机构要在未来获得更大的生存空间，需要在现有的基础上再做些什么？

兰飞：找到企业自身真正的核心竞争力并适时调整与强化，提前做好战略规划，同时人力资源要跟上，并不断探索新的发展可能。

尹平：归根结底还是专业吧，若还是简单地销售，简单地经营市场占有率，估计在今后光有这样是不够的。

张猛：现在的代理公司，有可能是一个练内功的时机。因为未来市场的发展已经不再是"大鱼吃小鱼"的形态，很可能是"快鱼吃慢鱼"，游得快的吃掉游得慢的，而不在乎这条鱼是否很大。

钟学隽：未来的代理生存空间，个人认为可以在细分市场专业研究、渠道通路资源整合、客户体验研究等方面做深度而专业的功夫。

邹玉棠：除做好前期的策划，后期的营销、包装等，客户梳理、渠道搭建等都同样相当重要。

时间：2012 年 03 月 23 日

媒体：成都报道 房产

摘要：二级市场营运中心总经理邹玉棠先生接受采访。

四川中原物业顾问有限公司营业部副总经理冷泉颐

四川中原物业顾问有限公司营业部副总经理冷泉颐谈到："政策对房产市场有利有弊，贷款利率下调对于市场是有促进作用的，但今年还是"冬天"，却不会有去年那么冷。"而对于现在的"一二手联动"的地产营销模式，四川伊诚房地产经纪有限公司总经理徐万刚说："在市场环境好的时候，我们的重心放到新房上，反之，要是市场环境差，我们是还顾老本行。"徐总还谈到，开发商老想花最少的钱办更多的事，徐总要求开发商一定要对接公司而不是个人。

时间：2012 年 03 月 23 日

媒体：搜狐焦点网

摘要：三级市场住宅部总经理冷泉颐先生参加《地产经纪总裁沙龙》。

中原地产成都拓展部总监 杨鹏

杨鹏：我认同杨总讲的情况，但是他也有一些变化，因为我们3月份在房管局开了一个会议，了解两方面，一个是北改的初步政策有什么样的反映。另外一个刚刚春节以后，市场有一些调整问我们一些具体的市场信息。就北改这个项目，当时刚刚提出政策有几方面的触动，第一个金牛区，成华区的一些楼盘销售上去了，第二个当时有二手房的一些经纪公司在那里，很明显的挨着手边的成华区二手的成交也可能是翻番。就是说有一些拿了拆迁房他急于去购置地源的项目。就是说初期是有一些作用和效应的。但他有一个问题就是说没有统一的一个规划。拆迁也好，怎么样也好，他都是零散一块一块的动，动了就像杨总讲的资金不到位，所以第二个整体的推动力就差了一些。所以起初的效果有一些，但是到了现在可能有需要政府整合各方面的资源，继续推动这个事儿。

时间：2012 年 07 月 11 日
媒体：搜狐焦点
摘要：拓展部总监杨鹏先生做客焦点直播间。

调控vs生存

调控一方面规范着房地产发展，另一方面也促成了行业中新一轮的洗牌。房企包括跟房地产相关行业要如何在此环境找到自己的发展方向寻求生存？各位嘉宾对此发表了自己的观点。

四川中原地产营运总监 何涛 来源：搜房网

何涛：房企调整发展模式求生存

房企要在调控的大环境下寻求生存发展应注意以下几点。第一，发展模式的调整。从房地产开发企业来讲，有一些成熟的开发商会从现有的单一开发模式发展为多元化模式，比如说旅游地产，甚至是一些保障房的建设。第二，在当前的市场环境下，成都一些较大的开发企业，可能会在开发节奏以及地块上价值做一些调整，他会考虑一些开发风险小地块来进行的开发。第三，楼盘产品的优化，开发出更符合客户需求的产品。企业可能更注重产品的附加值的打造，甚至住宅文化的打造。开发商会尽可能的提升产品的附加值，包括人文关怀。在下一段的产品竞争中，人文跟文化这一块的提升更能够体现项目整体的品质，这三点也是开发商需要思考的。

时间：2012 年 05 月
媒体：搜房网
摘要：二级市场营运中心三部营运总监何涛网络直播。

业界视线

刚需独放不是春

2012一季度季报·观点

政策和市场因素促进复苏

刚需之后，改善需求将逐步释放

高端项目商业地产，价格战难免

春交会前后入市比较合适

时间：2012 年 04 月 12 日
媒体：成都商报
摘要：华西董事总经理庄泽宝先生接受采访。

机构对话

聚焦 攀成钢板块崛起模式

第一商圈 攀成钢的未来蓝图

有潜力

有难度

"成都第一商圈"？

核心优势在哪？

哪些项目最看好？

时间：2012 年 05 月 10 日
媒体：华西都市报
摘要：华西董事总经理庄泽宝先生接受采访。

7位二手房资深门店经理的选房心经

2012年房价已在下行区间

需求是买房的唯一标准

投资写字楼可参考周边

配套是考察二手房的重要因素

这几种房不能上市交易

选房跑不脱的传统四要素

时间：2012 年 03 月 15 日

媒体：华西都市报

摘要：住宅部助理区域经理戚晓君女士接受采访。

/业内声音/

徐万刚

二手房市场或现"末班车"效应

成都伊诚地产总经理

"评估价"的出现是迟早的事，国家不可能任由这么大的一块税收漏掉。在7月评估价正式实施前，大家都赶"指导价"这一末班车，二手房交易市场或迎来一波小高潮。在评估价实施之后的两三个月内，市场或会陷于一定的低迷，但也只会是短时间，市场成交就会回升到以前的正常水平，并保持平稳，该买房的终归会买房，不会因为二手房交易税费提高了就不买。至于空置房收取物业费是正常情况，对市场影响不大。

冷泉颐

实施评估价有稳定市场的作用

成都中原地产三级市场总监

评估价对市场的影响是显而易见的，相较指导价交易成本的大幅提高对买卖双方而言都是一种"负担"，因此二手房交易市场在评估价实施前应该会有一波集中释放的小高峰。至于评估价实施后，市场的走势仍将以平稳为主，且评估价实施以后将起到稳定市场的作用，防止市场出现忽高忽低的随意性。当然，二手房成本提高很有可能会让部分购房者转向新房市场。

刘应忠

税收或成市场调节手段

成都富房不动产常务副总经理

评估价的实施将会提高买卖双方的交易成本，因此在评估价实施前成都二手房交易市场应该会是一个高点。另外，评估价或还影响到一部分购房者转向新房市场，当然这部分分流人群不会太大，但是在评估价初期会有一定的市场。至于空置房收取物业费，这项费用应在房屋交易过程中，买卖双方协商约定。当前，房产税扩大和二手房交易税的提高等措施，都在明显的将投资、投机房产成本大幅提高，这或许为"限购令"退出市场，转而用税收的手段调节市场做准备。

时间：2012 年 04 月 12 日

媒体：成都报道 房产

摘要：三级市场住宅部总经理冷泉颐先生接受采访。

重庆（香港）中原营销策划顾问有限公司

一、公司简介

重庆（香港）中原营销策划顾问有限公司成立于 2000 年 4 月，是香港中原集团在国内成立的第 5 家分行。重庆中原专注于房地产咨询、项目推广、代理一、二手房地产交易等服务，秉承香港中原集团优秀企业文化、无为而治经营理念的同时，因地制宜，不断开拓创新，经过十多年的风雨兼程，确立了其在重庆房地产代理行业和中介代理机构的领军地位。

二级市场营业中心由原策划中心、销售中心整合而成，业务涵盖房地产前期策划、全程营销代理及营销顾问服务。经过 10 年的发展，集合了一大批房地产营销精英，已累计操作项目 300 余个，市场份额在重庆市场上处于领先地位。经过多年发展，已与全国范围内品牌发展商和重庆主要发展商搭建了良好合作平台，其中包括（以下排名不分先后）：包括龙湖地产、招商地产、香港恒基兆业、北京棕榈泉、保利集团、阳光 100、深圳桃源居、融侨集团、中信地产、首创置业、香港瑞安集团、奥园集团、金科集团、协信集团、恒安集团•宝嘉地产等全国知名企业。公司在不断累积、丰富操盘经验的同时也始终坚持积极的创新与探索。

重庆中原三级市场营业中心现有分行地铺遍布重庆市主城各大区域，形成了庞大的客户资讯和服务网络。公司坚持“公开资讯、公平交易、不吃差价”的原则，秉承“为您，我做到！”的服务理念，正规、专业、稳健可靠的经营模式，高效率、高收益的工作作风以及完善的售后服务体系，用以满足客户的众多需求。

公司现有员工 1000 余人，各部门人员配备完整，分工合作，业绩突出：是重庆市首批 8 家 A 级房地产中介代理机构其中之一；获评历届“渝中区重点中介服务机构”、历届“地产风云榜年度上榜企业”、“重庆市首届十佳诚信房地产中介企业”、“全国优秀房地产经纪机构”等奖项。

在面对激烈竞争的房地产市场，重庆中原地产立志成为最专业、最全面、最有效率的地产代理公司，诚意为各位发展商、客户提供优质的服务。

（一） 重庆中原主要业务范围

房地产市场研究分析、房地产项目营销顾问、房地产项目前期策划、房地产项目销售代理、房地产项目招商代理、房地产中介服务、房屋产权按揭过户。

（二） 中原业务特色及服务宗旨

- 成交能力强，不参与炒卖；
- 服务全面，掌握市场脉搏；
- 架构健全，管理严谨；
- 全电脑化资料管理
- 秉承公开资讯，公平交易宗旨

二、主要部门业务介绍

（一） 二级市场

二级市场营业中心由原策划中心、销售中心整合而成，业务涵盖房地产前期策划、全程营销代理及营销顾问服务。经过十来年的发展，集合了一大批房地产营销精英，已累计操作项目近 400 个，市场份额在重庆市场上处于领先地位。经过多年发展，已与全国范围内品牌发展商和重庆主要发展商搭建了良好合作平台，其中包括（以下排名不分先后）：

企业类型	企业名称
港资企业	香港信和、香港恒基兆业、祥泰置地、香港瑞安集团、煌华国际集团等
外地企业	首创集团、桃源居实业、大鼎置业、大连万达、南方东银置地、招商局地产、中交投资、北京棕榈泉、保利集团、中渝物业、中国地产集团、阳光 100、金地集团、金融街置业、融侨集团、中信地产、奥园集团、恒安集团•宝嘉地产等
本地企业	龙湖地产、金科集团、强辉地产、渝开发、聚丰集团、协信集团、东原地产、龙港地产等
事业单位	重庆市商委、重庆解放碑 CBD 建设指挥部、重庆移动、重庆轻轨

二级市场服务范畴：房地产项目前期调研、房地产项目前期定位、房地产项目投资分析、房地产项目专题研究、房地产项目全程营销代理、房地产项目营销顾问。

1. 代理营业中心

代理营业中心是二级市场营业中心的主要营业部门，提供全程策划销售及全程策划顾问服务。实行项目负责制，整合策划销售资源，以提升整体的操盘水平和增强发展商的满意度为目的，是中原为更贴近市场和更好的服务开发商而设立的完全市场化部门。

代理营业中心具备完善的业务操作流程，主力操作人员在公司的服务年限普遍超过 5 年，积累了丰富的项目运作经验，同时借助于中原集团强大的网络资源，共享全国 20 余城市的一手资讯，为客户提供及时服务。在激烈的市场竞争中，我们看重项目运作稳健的同时，更加着重创新，力求为客户提供最优质最全面的服务。

2. 咨询顾问营业中心

咨询顾问营业中心隶属于重庆中原二级市场营业中心，是公司重要的业务运作部门。咨询顾问营业中心正式成立于 2011 年 1 月，其前身为顾问事业部，由 20 余位具有扎实行业基础和良好专业背景的专业房地产策划人员组成，是一支充满年轻活力，积极向上的团队。

咨询顾问营业中心秉承中原一贯的专业服务理念，努力为发展商提供包括企业发展及战略，房地产一级市场、房地产项目开发及发展尤其是大型复合型项目、城市及区域房地产发展及战略、城市综合体、旅游地产、产业地产等专业优先的顾问服务，力求科学地分析问题并创造性的解决问题，通过服务上百家重庆本地及国内外大型知名发展商（如恒基兆业、瑞安、香港地铁、中粮、中信、首创、首钢、招商、金地、鲁能、龙湖、金科、九龙仓、凯德等），多年来积累和沉淀了大量房地产分析工具、模型及解决思路。

3. 拓展部

拓展部作为公司的业务运作龙头部门，集合了一批充满朝气、市场洞察力较强、注重团队精神、服务意识强的房地产精英。拓展部服务范畴如下：

（1）重庆房地产企业合作搭建，并构建良好沟通平台

（2）投资基金及境外投资商合作平台搭建

- 全面掌握重庆房地产市场动态，提供专业咨询
- 重庆一级土地市场咨讯掌握，提供土地转让及招商引资服务
- 与全国市场联动，提供及时的国内房地产资讯
- 专职负责来渝投资商考察事宜，并提供国内其他城市考察服务

（3）全面负责项目运作中督导执行、洞悉市场动态、研判发展趋势、配合公司制订竞争策略及战略规划

4. 市场研究部

自 2001 年初重庆（香港）中原成立市场研究部以来，就一直致力于重庆的房地产市场研究，注重市场经验的积累和理论水平的提升。几年时间，市场研究部跟随公司的快速发展逐渐强大，目前汇聚了具有营销、统计等良好学科背景并具有多年实际经验的专业人才，是一支具有良好团队协作精神、充满活力的年轻团队。

市场研究部建立有自己的数据库系统，数据均来自市场一手数据及二手资讯数据收集整理。包括客户数据库、楼盘数据库、土地交易数据库、宏观经济数据库、房地产供求数据库、政策法规库等，共享中原（中国）研究信息管理数据库系统，该系统是整个中原的信息数据库系统，可以达到整个大陆中原 20 多家分行信息资源共享的功能。通过对以上数据的及时更新，研究部迅速掌握市场变化及产品的发展趋势，并可以根据需要作多角度、多层面的综合性、专题性研究。

目前市场研究的主要成果展示

研究方向	研究成果
定期性市场动态研究报告	周 / 月 / 季度 / 年度市场研究
区域研究	主城各区域市场季度研究、城市重点热点板块市场研究
专项市场研究	土地市场专题研究、花园洋房市场专题研究、高层高档住宅专题研究、写字楼市场专题研究、小户型住宅市场专题研究、地下商业专题研究、滨江地产专题研究
产品研究	大平层产品研究、精装修产品研究、滨江产品研究、洋房产品户型研究
其他成果	中原地产红皮书重庆卷、“主城西进”专题研究、历届房交会需求分析及总结、地产政策研究

（二）　三级市场

公司现有二手中介地铺 59 家，另设工商铺部 4 家（商铺、写字楼）、产权交易部，分布在主城的各个区域，初步形成了完善的客户资源信息库，为公司一、二手互动打下了坚实地基础，有利的推动一手代理项目的成交。同时，公司坚持公开资讯、公平交易的原则，诚信交易，具有完善的售后服务体系。

1. 住宅部：分布区域有：江北区、渝中区、南岸区、沙坪坝区、渝北区、两江新区。

2. 工商铺部（商铺、写字楼）

工商铺部分为写字楼组和商铺组。基本业务包括重庆写字楼、厂房、商铺、仓库等商业物业的买卖及租赁业务，负责其他城市分行转介到重庆工商铺部的业绩以及为重庆商家或客户提供转借至其他城市分行异地租售业务；为客户提供专业的咨询、详细、客观的市场分析。

工商铺部主要签约服务客户名单：东亚银行、汇丰银行、招商银行、建设银行、浦发银行、和记黄埔、迪康百货、上海静安城投、九龙仓、赛博数码、美赞臣、瑞安地产、合景实业、煌华实业、新世纪百货、中大期货、新世纪超市、普华永道、腾辉集团、华华公司。

3. 综合管理中心

产权交易部：产权交易部作为代办二手房屋产权过户、按揭、固定资产抵押贷款服务部门，为客户提供相关咨询并协助客户处理一切与交易相关的事宜。

综合后勤部、协调部：统筹处理三级市场营业中心各项非营业事务。

三、中原大事记

1、中原荣誉榜

2011 年 1 月，重庆时报在 2010 年度第二届重庆十佳房产中介机构评选活动中授予重庆中原“重庆市十佳房地产中介机构”。

2011 年 1 月 20 日，重庆吉力芸峰实业（集团）有限公司授予重庆中原“服务至上，营销先锋”

2011 年 1 月 20 日，重庆御城实业发展有限公司授予重庆中原值得信赖的合作伙伴

2011 年 1 月 20 日，重庆旭华房地产开发有限公司授予重庆中原策略创新精英、营销精准团队

2011 年 1 月 20 日，重庆会展中心置业有限公司授予重庆中原诚信品牌，值得信赖

2011 年 1 月 20 日，重庆两山丽景置业有限公司销售专家授予重庆中原业界精英

2011 年 1 月 20 日，重庆聚丰房地产开发（集团）有限公司授予重庆中原最佳合作伙伴

2011 年 1 月 20 日重庆瑞安天地房地产发展有限公司授予重庆中原最敬业团队

2011 年，重庆新浪乐居在 2011 年重庆地产年度记忆授予重庆中原“金牌代理行”

2011 年，重庆新浪乐居在 2011 年重庆地产年度记忆授予重庆中原“最具生命力中介”

2011 年 12 月，重庆时报在 2011 年第五届重庆城市建设杰出贡献榜授予重庆中原“杰出销售代理”

2010年度第二届重庆十佳房产中介机构评选活动
授予：重庆(香港)中原营销策划顾问有限公司
"重庆市十佳房地产中介机构"
二〇一一年一月

中原地产
CENTALINE PROPERTY
诚信品牌 值得信赖
重庆会展中心置业有限公司

中原地产
CENTALINE PROPERTY
最佳合作伙伴
重庆聚丰房地产开发(集团)有限公司

中原地产
CENTALINE PROPERTY
值得信赖的合作伙伴
重庆御城实业发展有限公司

2011重庆地产年度记忆
金牌代理行
重庆中原地产
sina新浪乐居
二〇一一年

中原地产
CENTALINE PROPERTY
最敬业团队
重庆瑞安天地房地产发展有限公司

中原地产
CENTALINE PROPERTY
策略创新精英 营销精准团队
重庆旭华房地产开发有限公司

中原地产
CENTALINE PROPERTY
销售专家 业界精英
重庆两山丽景置业有限公司

2011重庆地产年度记忆
最具生命力中介
中原地产
sina新浪乐居
二〇一一年

2011年第五届重庆城市建设杰出贡献榜
杰出销售代理
重庆（香港）中原营销策划顾问有限公司
重庆时报
2011年12月

中原地产
CENTALINE PROPERTY
服务至上 营销先锋
重庆吉力芸峰实业(集团)有限公司

2、合作交流

2011 年 4 月 28 日 重庆金源酒店举行主题为《新政下的地产发展之路》资讯发布会

2012 年 4 月 26 日 重庆长都假日酒店举行“赢市场挑战，谋合作发展”春季资讯发布会

2011 年 12 月国贸豪生酒店开展了“2012 年重庆中原客户答谢会

2011 年 1 月 20 日 国贸豪生酒店开展了“2011 年重庆中原客户答谢会”

2012 年 2 月，中原地产华西区管理层封闭会议

2011 年 4 月 21—24 日 重庆中原代理的多个楼盘参展重庆 2011 年春季房交会

重庆（香港）中原营销策划顾问有限公司

3、中原活动

“寻找中原最美微笑”活动

中原下午茶

第六届中原日 -----“中原，实现你的梦想”

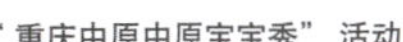

“重庆中原中原宝宝秀” 活动

四、公司年度获奖员工展示

李刚，现担任重庆（香港）中原营销策划顾问有限公司拓展部副总监一职。先后多次获得半年、全年“最佳拓展业绩奖”，2010年获评重庆中原“月度代理单数及策划单数最高纪录保持者”，并于2009年、2011年两年分别获得“金鹰奖”。

吴娜，2007年4月入职，现服务项目是中交丽景楼盘，职务是项目主管。2010年成交了224.5单的业绩，是年度中原集团（内地业务）二级市场最多单数个人奖第6名。并在2011年荣获“销售成交金额冠军奖”以及“销售成交单数冠军奖”。

何倩，现担任重庆（香港）中原营销策划顾问有限公司工商铺部高级总监，于 2004 年底加入重庆中原，担任三级市场住宅部投资顾问，连续多月业绩排名位居前列。2005 年成立工商铺，调任工商铺部区域经理，从 2005 年开始，曾 5 次获得“金狮奖”、多次获得销售冠军奖、2011 年获评“三级市场最佳区域经理奖”。2011 全年盈利，于 2012 年初晋升为高级总监。

李俊男，现担任重庆（香港）中原营销策划顾问有限公司工商铺部高级经理一职。于 2009 年 4 月进入重庆中原，担任临江门分行物业顾问一职。2011 年获得重庆中原三级市场组别业绩第 1 名，获“最佳分行经理奖冠军”，并入围精英会“金狮奖”。

李莉，现担任世贸十六分行 4 组高级客户经理一职。于 2010 年 10 月进入重庆中原，从 2010 年开始，先后获得月度、半年、全年“销售冠军及单数成交冠军”奖，并于 2011 年获得“金鹰奖”。

五、主要代理项目

项目名称	开发商	建筑面积（m²）
丽都锦城	重庆丽都房地产开发有限公司	500000
金科·中央公园城	重庆璧山县金科众玺置业有限公司	370653
首创 ihome	重庆海众房地产开发有限公司	70439
聚丰江山汇	重庆聚丰房地产开发（集团）有限公司	5000000
桃源居	桃源居（重庆）房地产开发有限公司	850000
中交·丽景	重庆中交丽景置业有限公司	906416
创汇·首座	重庆汇正房地产有限公司	86000
中渝·都会首站	重庆中渝物业发展有限公司	140000
力帆枫樾	重庆润鹏房地产开发有限公司	220000
泽科港城国际	重庆海上行置业发展有限公司	700000
瑞安重庆天地	重庆瑞安天地房地产发展有限公司	140000
隆鑫鸿府	隆鑫地产（集团）有限公司	650000
动力国际	重庆双远实业（集团）有限公司	160000
恒基·翔龙江畔	香港恒基兆业地产集团	410000
上邦高尔夫国际社区	重庆腾翔实业有限公司	870000
喜来登国际中心	香港港迪万斯集团 重庆泰正（集团）	70972

BEAUTIFUL CITY
丽都錦城

金科·中央公园城
CENTRAL PARK CITY

首创 iHOME
城 中 央 · 全 功 能 乐 聚 空 间

聚丰江山汇
RIVERSIDE HEIGHTS
南CBD · 50万方城市乐居生活体

桃源居
ARCADIA

BEAUTIFUL VIEW
中交·丽景
西 城 新 中 心 近100万 方 国 际 休 闲 城

创汇·首座
CREATIVE CONCEPTS CENTER

中渝·都会首站
ONE CENTRAL
@MIDTOWN

Royal park
力帆® 枫樾
掩 映 于 观 音 桥 的 墅 院 洋 房

泽科®港城国际

RESIDENCE / GARDEN HOUSE / VILLA / APARTMENT / COMMERCE

Grand Waterfront

恒基·翔龍江畔

香 港 印 象 · 重 庆 湾 邸